AF607099

brett
anderson

mañanas negras como el carbón

Traducción de
Federico Corriente

CONTRA

Coal Black Mornings

Publicado originalmente en 2018 en inglés (Gran Bretaña) por Little, Brown, un sello de Little, Brown Book Group

Dirección editorial: Didac Aparicio y Eduard Sancho

Diseño y maquetación: Endoradisseny

Primera edición: Septiembre de 2018
Segunda edición: Mayo de 2024

c/ Elisenda de Pinós, 22
08034 Barcelona
contra@contraediciones.com
www.editorialcontra.com

ISBN: 978-84-10045-10-1
Depósito Legal: B 17.770-2018
Impreso en España por Kadmos

Para Lucian

Prólogo

Este es un libro sobre el fracaso. Es un libro sobre la pobreza, la familia, la amistad, las cutres maravillas de la juventud y también, inevitablemente, es un libro sobre el amor y un libro sobre la pérdida. Lo último que hubiera querido escribir sería una de esas manidas autobiografías de «coca y discos de oro» a las que estamos todos tan acostumbrados, por lo que cualquier historia de éxito que pueda haber en este relato está implícita. Me he limitado estrictamente a los primeros años, antes de que nadie supiera realmente o le importara de verdad, por lo que la decisión de interrumpirlo en el punto en que lo he hecho, cuando todos éramos todavía unos ilusos y unos ingenuos, fue absolutamente fundamental para crear un mínimo de tono. Siempre he adorado ese arte y a esos artistas que encuentran un lugar y tienen la disciplina de permanecer en él; de *Never Mind the Bollocks* a *Music for Airports*, de Brueghel a Warhol, nunca he considerado la repetición temática como una debilidad, sino solo como algo esencial para establecer una identidad. De todas formas, la obstinación pura me atrae mucho. Aventurarme más allá y mantener una voz fresca y desprovista de clichés habría sido imposible, y en estos momentos no tengo el menor deseo de volver de nuevo sobre aquellos tiempos.

Así pues, esto es una especie de prehistoria; cuando lo único que puedo aportar a la segunda mitad de la historia es una perspectiva novedosa, aquí —encorvado sobre los fósiles de mi pasado, por así decirlo— espero desenterrar algo nuevo. Ahora bien, a veces da la impresión de que volver la vista atrás puede ser tan valioso como mirar hacia delante: aprender de la persona que uno fue, muchas veces en el sentido de cómo no hacer las cosas, pero vislumbrando de tanto en tanto esos momentos prodigiosos que con frecuencia pertenecen en exclusiva al dominio de la juventud. Durante años rehuí escribir nada, y preferí el velo del silencio y del misterio a la sensación intrínseca de exhibicionismo que contiene todo proceso semejante, pero, por alguna razón, ahora siento una urgente necesidad de contar. Supongo que he llegado a una etapa de mi vida en la que quiero reconciliarme con quien soy, y explorar mi pasado por mi cuenta de esta manera es una forma de intentar lograrlo.

Es interesante que la escritura me haya hecho reflexionar acerca de un concepto de la verdad más amplio. Por muy valerosamente que uno intente ser fiel a los hechos, lo será siempre desde un solo punto de vista. Lo fascinante, sin embargo, es que el resto de las personas que nos rodean quizás vean las cosas de otro modo o que, incluso viéndolas de la misma forma, opten por interpretarlas de manera distinta; de ahí que sea importante comprender que la verdad absoluta no existe, solo las perspectivas. Desde luego, poner esto por escrito ha sido una experiencia desgarradora, y cada vez que he vuelto a visitar esos oscuros pasillos me he sumergido mágicamente en ellos de nuevo y me ha hecho revivir los sentimientos: los jadeantes estremecimientos del amor, el aplastante dolor de la pérdida y la muerte; encontrar las palabras para algunos de los capítulos ha sido duro y a veces me ha llevado a las lágrimas. Cuando reviso lo escrito, encuentro que hay momentos en los que doy una impresión empalagosa y almibarada, o insegura y débil, y me veo como el alma a veces imberbe y ansiosa que probablemente era entonces y posiblemente siga siendo, pero al menos creo ser sincero. Vamos avanzando a trompicones por la vida dejando atrás un rastro embarazoso y pringoso, y muchas veces solo en momentos de reflexión como este nos damos cuenta de los desastres que a veces hemos generado.

Por supuesto, algunas facetas de lo que supone sacar esto al mundo me asustan. No puedo decir que esté deseando enterarme de los chismorreos que pueda suscitar, y cuando uno se desnuda tanto siente un temor natural, aunque en la práctica es algo que llevo años haciendo. Curiosamente, me preocupa menos la reacción de quienes hayan leído esto que la de quienes no; lo que a mí me produce un ligero pavor son las conjeturas engañosas y desinformadas. A lo largo de los años he aprendido que por mucho cuidado que uno ponga en tocar ciertos temas, estos siempre se abren paso hasta la primera fila, igual que los alborotadores, y acaparan los titulares, negando el oxígeno de la publicidad a los matices más delicados. Supongo que tendré que aceptar esta disparidad con elegancia, como una mera vertiente desafortunada del proceso. Dadas estas reservas, podríais preguntaros por qué me tomo la molestia, y yo mismo me he hecho esa misma pregunta un montón de veces, pero si tenéis paciencia, poco a poco iré encaminándome hacia alguna clase de explicación. Ha avivado, por supuesto, sentimientos que me he estado negando a mí mismo durante años, e inevitablemente ha contribuido al rumbo actual de las canciones que compongo; solo por eso ya habría valido la pena. Los dos últimos álbumes que he grabado han tenido mucho que ver con la familia y la sensación de linaje que la paternidad le imprime a uno, y esas meditaciones han hecho que quisiera llevar este proceso a su conclusión obvia. En el momento de escribir esto, no tengo contrato de edición alguno y tampoco conocimiento real de si alguien se mostrará especialmente interesado por publicarlo tal cual está. Hay un viejo cliché de las entrevistas musicales que sacan a colación los miembros de grupos dignos pero escasamente imaginativos, según el cual ellos solo hacen música para sí mismos, y si alguien más está interesado entonces eso no es más que un plus. Voy a adaptarlo diciendo que estoy escribiendo esto específicamente para una persona —mi hijo—, y que si alguien más está interesado entonces *eso* es un plus. Cuando tenga edad suficiente, cosa que bien podría suceder cuando yo ya no ande por aquí, al menos podrá disponer de esto para agregarle un poco de verdad al relato de quién fue su padre y qué pasiones y privaciones pasó, así como, en definitiva, de dónde salimos los dos. Pienso mucho en mi propio padre, y ahora que ya no está aquí, reflexiono con frecuencia acerca de quién fue en realidad, extrayendo pequeños fragmentos de recuerdos y seleccionando los huesos de la verdad de entre la carcasa de la caracterización, de la que probablemente siga siendo un tanto culpable. Si yo dispusiera de un documento como este acerca de él y de su vida, lo veneraría, así que, con suerte, cuando mi hijo sienta curiosidad y esté por fin preparado, puede que un día coja esto y sepa que su padre amó, perdió, luchó y sintió, y espero que eso signifique algo para él.

1

Nací justo después del Verano del Amor, en la misma habitación en la que mi padre moriría treinta y ocho años más tarde. Era el dormitorio de mis padres. Ella era una aspirante a pintora que ganaba dinero cosiendo vestidos que vendía por menos de lo que valían a adineradas pero parsimoniosas damas locales; él, en ese momento, era cartero, y más adelante sería encargado de limpieza de una piscina, heladero, limpiador de ventanas y, por último, taxista. El mundo de mis padres era un universo de linóleo y pruebas de embarazo, mobiliario de alquiler y recaudadores de arrendamientos. Estaba a años luz del cliché de los *Swinging Sixties* de Carnaby Street, y era más afín a la deprimente grisura de la Gran Bretaña de posguerra que al popular mito en tecnicolor. La habitación estaba dentro de una de esas diminutas viviendas de protección oficial claustrofóbicas de poca altura. Ya sabéis a cuáles me refiero: salpican las zonas cutres de la periferia y las anodinas ciudades dormitorio de la nación, hacinadas y empedradas, exiladas en las afueras, sin que nadie les preste atención y donde los coches pasan eternamente de largo.

La nuestra era la casa situada en el límite mismo de la urbanización, en un lugar llamado Lindfield, un pueblo ubicado justamente en las afueras de Haywards Heath y engullido por ella, una anónima ciudad dormitorio, una anodina y deprimente paradita de tren situada en algún punto entre Londres y Brighton. Era un lugar donde, más allá de los tórridos culebrones del realismo social de la vida cotidiana de la clase media baja, en realidad nunca pasaba nada y probablemente no pase jamás.

Mis padres escogieron aquella casa porque pensaban que sería bonito criar a sus hijos junto a un bosque, y en efecto, este se encontraba a apenas unos metros, detrás de una valla de chapa ondulada llena de grafitis; el vertedero local, ubicado cual amenaza, estaba al final de la carretera de hormigón. Los fines de semana, la gente acudía allí para deshacerse de sus electrodomésticos rotos y sus detritus domésticos. Era un mar de óxido y esmalte blanco, una maraña de muebles desechados, muelles, neumáticos periclitados y botes de pintura seca. Para los chavales del barrio era, por supuesto, un patio de juegos maravilloso y aterrador, una fuente constante de fascinación y de peligro. Trepábamos hasta la cima de los escombros y enredábamos con ciclomotores destrozados y cadenas de bicicleta enmarañadas, ajenos a los peligros que nos acechaban mientras jugábamos dentro de los contenedores con el mercurio de los termómetros rotos. En una ocasión apareció un barquito de remos aplastado que se convirtió en el elemento central de juegos febriles durante un verano entero, hasta que finalmente fue desmembrado y abandonado a la cruel entropía de los elementos. Ahora esa zona es una reserva natural, y a veces me pregunto si la gente que pasea por allí a sus perros y los excursionistas que acuden de picnic son conscientes del cementerio oxidado que tienen bajo sus pies enfundados en katiuskas.

La casa era pequeña. Muy pequeña. Antes de que muriera mi padre, solía volver para cumplir con las visitas navideñas de rigor, y siempre me conmocionaban sus dimensiones, poco menos que de casa de muñecas. También tenía una hermana, la encantadora Blandine, bautizada así en honor a la hija del compositor romántico húngaro Franz Liszt. El nombre de mi hermana lo había escogido mi padre, Peter, por lo que afortunadamente le tocó a mi madre, Sandra, elegir el mío. Eso es algo por lo que estaré eternamente agradecido, pues ya fuese por coincidencia o condena, nací ni más ni menos que el mismo día del cumpleaños de Horatio Nelson, uno de los héroes de mi padre y también uno de los miembros clave de sus «Tres Grandes», un selecto club de héroes privados que también albergaba a Winston Churchill y al ya mencionado Liszt. Recuerdo que años después mi padre compró una enorme Union Jack naval, casi tan grande como la casa, y que, cada vez que uno de nosotros cumplía años, la izaba mediante un mástil improvisado sobre uno de los muros de nuestra minúscula vivienda de protección oficial. Según dice el acervo familiar, estuve a aterradores milímetros de que me pusieran Horatio como nombre, pero, según mi padre, mi madre me puso el nombre en honor al actor Jeremy Brett, mascullando algo acerca de que también era una alusión al personaje de Roger Moore, lord Brett Sinclair, de la serie *Los persuasores*, lo que quizás fuera un presagio inconsciente de futuros acontecimientos.

Así que éramos cuatro, metidos cual sardinas en las habitaciones de ladrillo y bloques de hormigón de aquella casita de aglomerado de baratillo: Blandine en su fría y húmeda habitación con orientación norte; mi padre y mi madre encerrados en su abarrotado enclave conyugal; y yo ubicado en el extremo de la casa, en un soleado trastero apenas lo bastante grande como para contener mi cama individual infantil y unos cuantos juguetes raídos: un guardia real de lana llamado Soldado, un ratón gris llamado Ratón y una horrible cosa peluda que solía meterme por la nariz y que se llamaba Tivvy, que mis padres habían sacado de alguna oferta del *TV Times*. Mi madre, educada en Bellas Artes, había pintado nubes en el techo de mi habitación, y yo me quedaba ahí tendido mirándolas fijamente y escuchando el suave murmullo del tráfico del exterior mientras a escasos metros, en la habitación de al lado, las broncas de mis padres estallaban y desataban rayos y truenos.

Yo era un niño nervioso, inquieto y ansioso, propenso a episodios de insomnio y a pasar horas solitarias y aterradas contemplando los rostros grotescos que parecían formar los pliegues de la parte superior de las cortinas. En cuanto salía el sol, esperaba a que todos los demás se hubieran despertado, y desde mi ventana me quedaba mirando durante siglos un par de árboles que crecían junto a la fábrica de champiñones abandonada que había al final de nuestra calle. A uno de ellos lo llamaba El Ratón y al otro El Payaso, y me quedaba como en trance viéndolos mecerse y ondular, aparentemente presos en su inmutable disputa, azuzados y azotados por remolinos y fuertes ventiscas.

En muchos aspectos, mi crianza fue de lo más normal, pero al mismo tiempo y en cierto modo fue curiosamente atípica, pues nunca tuve la sensación de que realmente encajáramos. Oficialmente vivíamos en una pintoresca aldea de Sussex, pero nuestra casa estaba ubicada en un lugar que nunca visitaban los turistas; situada en una cochambrosa urbanización de las afueras y bien oculta y apartada del mundo de fantasía de cajas de bombones de la calle principal. Éramos pobres como ratas, vivíamos en la miseria dentro de una vivienda de protección oficial barata, pero mis padres la habían llenado de adornos más afines a las vidas de unos intelectuales de clase media alta de Hampstead. Había cuadros de mamá por todas partes; dedicó la totalidad de su discreta trayectoria artística a captar los detalles del suave ondular de la campiña de Sussex, y las paredes estaban llenas de sus hermosos paisajes a la acuarela y sus intrincados y minuciosos bocetos de la naturaleza. Allí donde faltaban sus propias obras, colgaba copias de Hendrick Avercamp, Vincent Van Gogh y Aubrey Beardsley. Había decorado toda la casa con colores intensos: azules medianoche, papeles pintados de William Morris, y había cubierto las ventanas con sus propias cortinas caseras de exquisito terciopelo. Y por todas partes, por supuesto, se escuchaba el ensordecedor torrente de la música clásica de mi padre: Wagner, Berlioz, Elgar, Chopin, y el ubicuo e inevitable Liszt. Mi propia educación musical debió de formarse en aquella turbulenta encrucijada, forjada por el ciclo del *Anillo* y las *Rapsodias húngaras* y conformada, como la coraza de Brunilda, por oscuros y sombríos paisajes musicales e imponentes melodías épicas. Mi padre solía andar por ahí en zapatillas, con sus peludas piernecitas asomando de entre los pliegues de la bata roja, «dirigiendo» con su batuta, sumido en un delicioso solipsismo mientras su viejo magnetófono Philips giraba sin cesar y los demás permanecíamos sentados en la cocina, mudos y amedrentados.

La suya era una obsesión como para acabar con todas las obsesiones; hablaba de Liszt en un tono reverente, casi religioso, e incluso coqueteaba con la idea de «hacer votos menores» en homenaje a la posterior andadura religiosa de Liszt, idea ridícula, dado su estatus de ateo confirmado. Una vez lo llamaron para formar parte de un jurado, y al cabo de dos semanas reapareció y nos reveló que cuando le habían pedido que jurara sobre la Biblia se había negado y exigió hacerlo en su lugar sobre una biografía de Liszt; algo, dijo él, en lo que realmente creía.

Durante la década en blanco y negro de los sesenta, mi padre daba vueltas por Haywards Heath en una vieja moto BSA con sidecar adosado, en el que se acurrucaba ansiosamente mi madre, temerosa de posibles perjuicios para su peinado. A medida que la familia fue aumentando, adquirió un Robin Reliant de tres ruedas, el Sinclair C5 de la época, que se podía conducir con carné de moto: una quebradiza cáscara de fibra de cristal sobre ruedas que brindaba protección nominal y escasa dignidad. Para cuando aparecí yo, nos llevaba a todos por ahí en un desvencijado Morris Traveller de color verde bólido, tan decrépito que en septiembre salían pequeños champiñones en los putrefactos marcos de madera laterales. Mi hermana y yo íbamos dando trompicones en el asiento trasero, sin cinturones de seguridad y cantando canciones de ABBA. Cuando íbamos por la autopista, a la velocidad que fuera, el coche vibraba de forma preocupante, y si te fijabas atentamente, podías ver la carretera pasando como una exhalación a través de las minúsculas fisuras del suelo de la carrocería. Por increíble que parezca, cada par de años mi padre conseguía recorrer en aquel cacharro todo el camino hasta Raiding, Austria, en peregrinación al lugar de nacimiento de Liszt, donde recogía una pequeña muestra de tierra del suelo que luego llevaba en un vial en torno al cuello.

Vivir bajo el techo de mi padre entrañaba ir abriéndose paso a través de una compleja selva de reglas aparentemente desprovistas de todo sentido. En cierta ocasión describió con ironía sus únicos vicios en esta vida como «una onza de tabaco y un ejemplar del *Radio Times*», que solía custodiar celosamente, asiéndolo con una fuerza digna de Gollum. Ay de aquel que lo sacase de su revistero especial a cuadros escoceses, o que se hiciera con él antes de que hubiera programado sus placeres auditivos con una serie de círculos marcados a boli o, para colmo de transgresiones, lo hubiera sacado de su lugar de descanso bajo el pequeño taburete de cestería sobre el cual le gustaba reposar los pies mientras daba caladas a su omnipresente pipa de brezo y resollaba interminablemente. Existían otras reglas tocantes a la temporada adecuada para comer ciruelas y la forma «correcta» de ponerse una corbata que, bien miradas, no tenían ni pies ni cabeza, pero que en aquel entonces parecían estrechas y mezquinas, y daba siempre la impresión de que intentaba hacerse con el control sobre las piezas móviles que integraban su universo.

Mi padre había nacido en el seno de una familia militar y se había criado en una deprimente urbanización de Haywards Heath llamada Bentswood: un enclave de viviendas idénticas de los años treinta con forma de caja, saturadas de alcoholismo, violencia y fracaso, olor a jerez rancio y comida para perros, y del viciado aire invernal de los radiadores de tres barras. La casa de mis abuelos estaba llena de memorabilia militar como los cuchillos Kukri, proyectiles de artillería ornamentales y baratijas de la India, donde la familia de mi padre había estado destinada durante sus primeros años de vida. Su madre era una mujer frágil como un pajarito, de pómulos altos, tímida y apocada, y su marido, el padre de mi padre, era un soldado violento y bebedor empedernido al que casi nada parecía importarle excepto Khan, su enorme labrador negro, y que acabó echando de casa a su hijo porque Peter por fin logró plantarle cara, incapaz de acostumbrarse al torrente de odiosa brutalidad alcoholizada con la que mi abuelo gobernaba su feudo empedrado. Semejante educación dotó a mi padre de un legado de pacifismo físico absoluto en lo que a mí se refiere, pero en sus momentos más turbios, la sombría profecía de Larkin sobre la herencia familiar se expresaba de formas más sutiles. La fría y húmeda claustrofobia de nuestra casa de muñecas a menudo hacía juego con los volubles estados de ánimo de mi padre, que suplantaban al encantador y arrugado excéntrico por un siniestro matón que suscitaba a su alrededor un ambiente preñado de tensión y amenaza. La suya fue una generación a la que sencillamente no se había dotado de las herramientas con las que controlar y abordar sus fantasmas internos. Los demonios de mi padre fueron carcomiéndole lentamente y acabaron matándolo; una perniciosa sucesión de acontecimientos que le condujo al aislamiento, la depresión y la hemorragia.

Evidentemente, debo de tener algún lejano parentesco escocés a cuenta de nuestro apellido, pero también porque mi abuelo fue tamborilero y gaitero en la banda de música de los Royal Scots Fusiliers. Era un hombre distante, de aspecto formal y chapado a la antigua, con el pelo peinado hacia atrás con aceite de Macasar y un rostro devastado de bebedor, y, por extraño que parezca, una de las pocas personas de las que habréis oído hablar que murió dos veces. Tras una serie de episodios imperdonables, violentos y alcoholizados, su matrimonio finalmente se vino abajo y se marchó tambaleándose, y acabó alojándose con viejos amigos del Ejército o durmiendo en albergues. La verdad no está muy clara, pero por lo visto se sumió en un ciclo de vagabundeo sin techo y alcoholismo extremo, de manera que nadie se sorprendió cuando, en algún momento de la década de los noventa, tras un largo período de distanciamiento y rumores sobre noches pasadas en los bancos de los parques, nos dijeron que había muerto, noticia ante la que mi padre reaccionó con una extraña indiferencia. Al menos diez años más tarde, sin embargo, recibió una llamada de teléfono de alguna institución preguntándole si quería hacer una contribución para costear el funeral de su padre. Acabamos enterándonos de que había estado vivo todo ese tiempo: a la deriva, bebiendo y en una continua espiral descendente. Mi padre nunca logró perdonarle su régimen de terror doméstico y albergaba hacia él un odio tan amargo que, a pesar de lo conmocionado que estaba, se negó a realizar contribución alguna.

Pese a que jamás me hizo daño físicamente, los siniestros arrebatos de mi padre resultaban aterradores y seguramente me han dejado con un legado de neurosis propio. Podía llegar a ser muy controlador: siempre exigía saber a dónde ibas cuando abandonabas la habitación. Hasta la fecha soy incapaz de ir a mear siquiera sin decírselo a mi mujer. Es como esa escena de *Cadena perpetua* en la que el personaje de Morgan Freeman obtiene un empleo embolsando la compra de los clientes en un supermercado. En otros momentos podía llegar a ser enormemente beligerante y hacer declaraciones escandalosas o quijotescas sobre política o música. Cuando por fin fui derivando hacia la adolescencia y comencé a desafiarle, chocábamos continuamente en el curso de debates cíclicos y cada vez más enconados en torno a los respectivos méritos del pop y la música clásica. Una Navidad tras otra acababa en tensas discusiones con los ánimos cargados, taciturnamente sentados los dos ante la mesa con gorritos de papel mientras él, apasionadamente pero en vano, intentaba demostrarme que la *Patética* era «mejor» que «Satisfaction». Aquella experiencia me volvió muy testarudo en lo que a música se refiere, y seguramente me preparó maravillosamente para toda una vida de dar excesivas explicaciones acerca de la mía propia.

También hubo momentos más distendidos, por supuesto. Podía ser delicado y amable, y agradable, gracioso y maravillosamente antimaterialista; el ambiente de ambición devastadora de los años ochenta no le afectó lo más mínimo, satisfecho como estaba en su minúsculo reino de aglomerado y pintura. Era sorprendentemente práctico, y siempre andaba serrando, taladrando, martilleando y arreglando cosas con su colección de herramientas, que mantenía en todo momento en perfectas condiciones. Fabricaba muebles, estanterías y marcos para los cuadros de mi madre, e incluso sus propias cajas de bafles. Durante unas vacaciones de Pascua estuvo trabajando en lo que a Blandine y a mí nos dijo que era un armario para guardar sus herramientas. A nosotros nos desconcertaba que tuviera que ponerle malla de gallinero, hasta que el domingo de Pascua nos sacó al jardín y nos obsequió con un hermoso conejo blanco a cada uno. Había estado fabricando una conejera.

Los conejos se convirtieron en un ente omnipresente en nuestro pequeño universo. Todas las mañanas nos acercábamos al erial que había junto al vertedero cercano a nuestra casa a recoger dientes de león y vegetación selecta para ellos, mientras nuestra madre les preparaba un mejunje harinoso caliente y de olor delicioso a base de avena y pieles de patata. Blandine hasta inauguró lo que ella llamaba el Rabbit Club, cuyo objeto no estaba muy claro. Las únicas reglas para formar parte de él parecían ser que sus miembros (solo dos: ella y yo) tenían que arrugar la nariz como forma de reconocerse entre sí. Cualquiera que me conozca bien sabrá que es una costumbre de la que me ha costado desprenderme.

Si la obsesión de mi padre era Liszt, la de mi hermana era *La colina de Watership*. Leía tan a menudo la versión en libro de bolsillo que la portada se había desintegrado, y fabricó una de reemplazo con adornos de encaje y tela vaquera, acompañada por sus propias interpretaciones a la acuarela de Hazel, Fiver y cía. Tal era su deseo de que yo conociera la historia que hasta llegó a pagarme dos peniques por hora por escucharla leerla en voz alta, práctica que luego fue trasladada a otros autores, como Tolkien y Rosemary Sutcliffe. Sin embargo, no recuerdo que nadie me leyera nunca libros monos para niños pequeños, y uno de mis primeros recuerdos infantiles es el de mi madre leyéndome *Beowulf*. Blandine ejerció una influencia enorme sobre mí; me introdujo a la literatura, me estimuló a que quisiera tener cultura, y más tarde me puso música pop de los años sesenta y setenta, que fue creciendo y evolucionando en mi interior hasta conformar la segunda faceta de mi yo musical.

Cuando tenía seis o siete años, Blandine y yo empezamos a asistir a la escuela dominical. Era un edificio de ladrillo blanco de una sola planta que se encontraba en el límite de la urbanización y estaba dirigida por una pareja de delicados ancianos que se llamaban señor y señora Marsh (mi hermana siempre decía en broma que tendrían que haber vivido en un lugar llamado *Bog Cottage*[1]). En cualquier caso, yo era demasiado joven para comprender ninguna de las dimensiones espirituales reales de aquello a lo que me había apuntado, y echando la vista atrás tendría que interpretar toda la experiencia como un proceso de adoctrinamiento ante el que mis ateos padres se mostraron despreocupadamente pasivos. Supongo que lo que me atrajo fue la ceremonia de «entrega de premios» de final de año, en la que se recompensaba a los niños por el número de días que habían asistido a lo largo del curso. Dependiendo de cuántos sellos semanales hubieras acumulado, te obsequiaban con alguna baratija o libro infantil. Por supuesto, los niños más despiadados explotaban la situación y solo se presentaban ese día, y se largaban triunfalmente a casa blandiendo libros de unir los puntos o fragmentos de baratijas religiosas igualmente despreciables.

Nuestra casa se encontraba en el extremo de una hilera de adosados, al lado de un lechero bondadoso y desdentado llamado Bing y su familia. Sin embargo, incluso a una edad muy temprana percibí verdadera tensión entre nosotros y el resto de familias de la urbanización, la mayor parte de las cuales, creo, nos consideraba gente distante y fría. Los revoltosos chicos de al lado daban golpes sordos, soltaban graznidos y ponían heavy metal hasta altas horas de la noche, y había un grupito de pequeños matones que lanzaba insultos contra mi padre y se pasaba el día haciendo rebotar balones de fútbol contra la verja de

1. «Cabaña del pantano». *Marsh* significa ciénaga o pantano. [*N. del T.*]

chapa ondulada que había justo delante de nuestra casa, pisoteando las flores de mi madre y reduciendo cruelmente a añicos su frágil y ficticio idilio eduardiano. No cabe duda de que nuestro universo casero, inspirado por el movimiento Arts and Crafts, debió de desentonar bastante con el popular *Zeitgeist* de las camisetas de Status Quo y el mobiliario de plástico. Nuestra madre confeccionaba la mayor parte de nuestra ropa, por lo que seguramente tendríamos un aspecto muy distinto al de las hordas de pana, y éramos objeto frecuente de burla y provocación. No creo que la incipiente reputación de mi padre como la respuesta de Haywards Heath a la poetisa Edith Sitwell ni la costumbre de mi madre de tomar el sol desnuda en el jardín ayudasen demasiado, pero poco a poco fuimos aceptados y absorbidos en el seno de la comunidad, pese a que siempre se nos consideró como forasteros: «los del piano en la cocina».

En el exterior de cada bloque de viviendas había pequeños espacios verdes donde todos los niños competían en interminables partidos de fútbol. La urbanización resonaba con los sonidos de los juegos, y había tribus de pequeños rufianes desplazándose bulliciosamente por ahí con sus bicicletas *chopper*, amenazas y pistolas de aire comprimido. Años después, cada vez que regresaba, siempre me chocó la ausencia de todo aquello; las zonas verdes se habían quedado mudas y desprovistas de niños ahora que las generaciones habían crecido y la urbanización había sido abandonada a canosos progenitores —enfermos, divorciados y abandonados— como una estrofa de «North Country Blues».

2

Todas nuestras posesiones eran o de confección casera o de segunda mano. Mi madre, mi hermana y yo éramos habituales de los rastrillos, y todos los sábados por la tarde hacíamos frente a los codazos de los pensionistas en el salón municipal local. A cambio de unas monedas, conseguíamos ornamentos, libros y hasta ropa interior que luego nos llevábamos a casa. De algún modo aún puedo sentir los calzoncillos de nailon de segunda mano morados que mi madre solía obligarme a llevar. Gestionaba nuestro hogar con un presupuesto muy ajustado. Su niñez había coincidido con el racionamiento de posguerra, de manera que en casa no se desperdiciaba ni se tiraba absolutamente nada. Recogía ortigas silvestres y champiñones para hacer ensaladas y sopas, y desplumaba aves muertas y despellejaba conejos para servírnoslos en estofados. Siempre andaba cosiendo, con un arsenal de alfileres en la boca, maquillada en plan Cleopatra y con el pelo arreglado a lo Elizabeth Taylor. Pasamos innumerables atardeceres invernales acurrucados en torno al hogar escuchando el suave y silencioso sonido de la aguja sobre la tela mientras la leña chisporroteaba y crepitaba, esperando a que el temido chirriar de las llaves de mi padre girando dentro de la cerradura nos anunciase la lotería de su estado de ánimo. Su exiguo salario no daba para muchas extravagancias, y mi madre siempre se vio obligada a comprar carne barata: cortes correosos y grasos, y también asaduras e hígado venoso. Sin embargo, los desperdicios estaban prohibidos, y no estaba permitido abandonar la mesa hasta que hubiéramos terminado el último bocado de nuestros platos. En aquellas pavorosas noches en las que depositaba ante nosotros pasteles de carne y riñones, yo era sencillamente incapaz de cumplir, y solía quedarme sentado durante horas ante la mesa redonda de formica blanca de la cocina, entre arcadas y sollozando sobre el plato, hasta que, bien entrada la noche, mi furiosa madre terminaba por ceder y tirar a la basura los restos. La experiencia me ha dejado un odio de por vida hacia la carne; también debió de dejarme hambriento, porque Blandine y yo empezamos a esconder y acaparar comida en nuestros respectivos dormitorios. Siempre que había tentempiés o restos sobrantes de cosas que nos gustaban, nos los echábamos al bolsillo y los trasladábamos en secreto a nuestros dormitorios para almacenarlos de cara a momentos de hambre. Recuerdo que mi madre solía preparar unas sabrosas y elásticas tortas de Marmite[2] que a mí me encantaban y que solía introducir de contrabando en mi habitación para guardarlas debajo de la cama, metidas dentro de una vieja caja de cartón que en tiempos había albergado unos auriculares de mi padre. Llegué a obsesionarme tanto con aquella pequeña

2. Crema comestible para untar elaborada exclusivamente con extracto de levadura obtenida como subproducto del proceso de elaboración de la cerveza. [*N. del T.*]

reserva que empecé a olvidarme del objetivo original y acabé guardándola durante demasiado tiempo. Un día mi madre se encaró airadamente conmigo mientras me mostraba la caja, llena de putrefactas pastas mohosas y llenas de hongos, que había descubierto mientras hacía la limpieza; me pasé el resto del día sumido en un estado de vergüenza lúgubre y a flor de piel, y jamás volví a atreverme a cometer el pecado cardinal de desperdiciar comida. No obstante, cuando echo la vista atrás, me doy cuenta de que mi madre era una mujer extraordinaria: estaba dotada de una creatividad prodigiosa, era práctica y estoica y, a su peculiar manera, dura como el acero. Aparte de un horno eléctrico barato, no disponíamos de tecnología moderna de ninguna clase, así que lavaba toda nuestra ropa a mano, cosa que a mi mimado ego del siglo XXI se le antoja increíble. En su cruzada por ahorrar durante el invierno, utilizaba el contenido tibio de nuestras bolsas de agua caliente para fregar los platos. En casa no había calefacción central, solo un pequeño hogar en el cuarto de estar y una pequeña estufa de queroseno en la cocina. Las mañanas negras como el carbón eran brutales, y el ritual de encender y mantener el fuego adquirió un estatus religioso. Mi madre era la gran sacerdotisa, y nosotros sus acólitos; transportábamos e íbamos a buscar leña y le traíamos pedazos de periódico viejo para que los sostuviera debajo de la chimenea y que el fuego tirara. En las tardes húmedas, mi madre se acurrucaba en el suelo y soplaba sobre los rescoldos ardientes, con las manos oliéndole al humo que desprendía la leña y una arruga de inquietud surcándole la frente.

Además de mantener la casa en condiciones, solía confeccionar la mayor parte de nuestra ropa y, cuando no estaba leyendo u ocupándose del fuego, a menudo se la podía encontrar arrodillada sobre la alfombra de color mostaza con un par de tijeras de costurera en las manos, encorvada sobre un patrón de costura, una especie de anteproyecto de sastre hecho de papel finísimo que se utilizaba para cortar alrededor de la tela con el objetivo de ensamblar y coser partes de pantalones y faldas. Cuando mi hermana alcanzó la edad en que arrancan los complejos de la adolescencia, insistió en que mi madre cosiera su propia «marca» ficticia en un par de pantalones de pana para que no se sintiera tan diferente de las otras chicas, que llevaban Levi's y Lee Cooper. La única ocasión en la que recuerdo que me compraran ropa fue la vez que mi madre aflojó la mosca para un abrigo de invierno nuevo, cuando yo tenía unos ocho años. La primera vez que lo llevé fue para ir a una fiesta infantil celebrada en casa de un niño pequeño, en una pequeña granja campestre en ruinas. Acabé enzarzándome en una pelea de barro con todos los demás chicos y me presenté en casa enfangado hasta arriba y lleno de salpicaduras. Mi madre me acogió con la ira más feroz que recuerdo, y montó en cólera de modo aterrador, gritando sin parar y asestándole agresivos cachetes a mis piernas desnudas. Aquel castigo normalmente lo reservaba para transgresiones especialmente graves, y solía administrarlo con severo control, pero en aquella ocasión particular adquirió rasgos de furia vesánica. Supongo que la tarea penosa, ingrata y agotadora de tratar de evitar que el exiguo presupuesto familiar se desmadrara la había llevado a una especie de punto de ruptura, y cuando las frustraciones por fin se desbordaron sencillamente no pudo contenerse.

Si bien la familia de mi padre era oriunda de Kentish Town, el linaje de mi madre procedía de la campiña de

Sussex. Su propia madre había muerto de cáncer de mama antes de que yo naciera, y su padre se mudó y se volvió a casar, reorientando su lealtad hacia su nueva familia hasta tal punto que mi hermana y yo solo llegamos a verlo una vez, una tarde peliaguda e incómoda, encorvados sobre tazas de té en una casita de Lewes, cuando yo tenía unos ocho años. Mamá solía dar vueltas por el pueblo en un robusto triciclo azul en la parte trasera del cual mi padre había fijado una gran caja de madera. Cuando no estaba siendo utilizado para transportar verduras, alojaba a su amado springer spaniel, Misty, apoltronado, jadeando y babeando mientras mi madre pedaleaba con energía y el mundo entero contemplaba la escena con cejas enarcadas y perplejidad. En sus momentos de mayor relajación, mi madre era delicada y romántica, y se ponía a pintar mientras escuchaba a Joni Mitchell o a los Stones en su pequeña pletina portátil. Como gratificación única y exclusiva, a veces se concedía a sí misma el gusto de consumir una lata de leche condensada Carnation. Debía de tratarse de algún premio especial que le habían consentido durante su lúgubre y austera infancia, pues era lo único que de algún modo volvía a hacerla vulnerable; sentada ante la mesa de la cocina, sonriendo y ronroneando como una niña pequeña mientras se llevaba a cucharadas aquella pringosa sustancia blanca a la boca, se desprendía de los glaciales hábitos de control que llevaba habitualmente. También era cálida, cariñosa y amable, y a mí me obsesionaba la posibilidad de que pudiera llegar a morir. En ocasiones llevaba una peluca que guardaba en el tocador colocada sobre una cabeza de poliestireno de aspecto surrealista, y se cardaba y se lacaba la melena sumida en una especie de resaca de los años sesenta; siempre andaba rociándose el pelo con laca. Yo estaba convencido de que inhalarla en exceso le provocaría un cáncer, y como a todos los hijos, me aterraba verme privado de su calidez y su amor. Los miedos gemelos que, como Isengard y Mordor, se cernían sobre mi panorama psíquico alrededor de aquella época eran esa maligna obsesión con la laca y la amenaza omnipresente de los ataques nucleares, que a comienzos de la década de los ochenta, cuando el mundo seguía férreamente atenazado por la perspectiva paranoica de la Guerra Fría, parecían una posibilidad genuina, regularmente exacerbada y preocupantemente intensificada por la siempre irresponsable e interesada prensa amarilla. La gente siempre andaba escrutando lúgubremente mapas de los pronósticos de daños que podrían provocar las explosiones o especulando deprimentemente en torno a si, de producirse el espantoso acontecimiento, sería preferible sobrevivir o ser volatilizados inmediatamente, y ese género de melancólicos debates logró abrirse camino sinuosamente hasta llegar a la mesa de nuestra cocina, donde mi madre solía pontificar sombríamente en torno a la agonía de ser quemados vivos al derretirse nuestras prendas de nailon o especular sobre si nos daría tiempo de salvar a los conejos. Era una lectora voraz, y cuando no estaba pintando o cosiendo, solía sentarse, con los pies enfundados en medias encima del sofá, absorta en su novela mientras yo me aferraba a ella, con la cabeza apretada contra su brazo, molestándola con interrupciones acerca de la trama y preguntándole si había alguna foto que pudiera mirar. Su amor por la literatura debió de traspasárseme, pues a pesar de que de joven permaneció bastante aletargado en mi interior, mi apetito actual por los libros roza la rapacidad.

Aparte del género de fantasía estándar C. S. Lewis/ Tolkien, de niño la única novela seria que realmente se me quedó grabada en la conciencia fue *1984*, de Orwell. Se trata de un libro que vuelvo a leer regularmente, y disfruto con la forma en que el intrigante proceso de releerlo en distintas etapas de mi vida es capaz de extraerle nuevos matices de significado. Sus bien documentados presagios son, por supuesto, fascinantes, pero para mí la auténtica esencia de esta novela es la historia de amor que reside en su núcleo. Cobré conciencia bastante pronto de que, en lo fundamental, la inmensa mayoría del arte, cuando no la totalidad de este, gira de algún modo en torno al amor. Años más tarde, empecé a aplicar aquella intuición a mi propia escritura, dotando siempre a las canciones de un contexto humano y emocional, y dejando que los dramas y los roces interpersonales fueran el vehículo que pusiera de relieve verdades ulteriores más amplias. Todas las interpretaciones posteriores de nuestra música que pretendían que era «apolítica» siempre se me han antojado más literales de la cuenta, pues es indudable que la crítica social no es algo que se limite a los colores primarios de la política de partido.

Debió de plantarse en mí una diminuta semilla literaria, porque a finales de la década de los setenta empecé a llevar diarios. Completamente olvidados hasta ahora, estuvieron viviendo en una caja de cartón durante décadas y siguiéndome en silencio de una casa a otra, esperando tranquilamente que llegara su momento. Por desgracia, ese momento no ha llegado aún, porque no resultaron ser la revelación iluminadora acerca de mis primeros años de vida que había esperado cuando me puse a escribir esto. Lamentablemente, son solo una aburrida letanía de partes meteorológicos y visitas a tiendas, un registro anodino de lecciones escolares y resultados de exámenes desprovistos de perspicacia o capacidad descriptiva alguna, e incluso de cualquier cosa que tenga verdadero interés. Aun cuando se produjeron acontecimientos que ahora parecen trascendentales, parece que apenas les presté atención, y que prefería entusiasmarme por lo que habíamos cenado o por el resultado de un partido de fútbol. Menudo «jovencito profundamente aburrido» debí de ser. Quizás Morrissey estuviera en lo cierto, al fin y al cabo. Supongo que aún no había adquirido ninguna clase de profundidad emocional o de sentido de la perspectiva. Temas como el complejo panorama del matrimonio de mis padres están representados por frases esporádicas como «mamá y papá se han peleado», lo que me deja en evidencia como un niño inusitadamente miope y egocéntrico. Creo que mi madre, sobre todo, me mantuvo protegido, arropado por una cálida y cómoda manta de ilusión, sin atreverse jamás a delatar sus miedos acerca de las cambiantes e inestables líneas de falla sobre las que reposaba nuestro frágil universo. No recuerdo haber tenido ninguna conversación sincera y significativa con ella hasta bien entrada la adolescencia. Prefería comunicarse por medio de charlas sobre libros y programas de televisión o, de manera más habitual, a través de esos canales tiernos y primarios a los que a menudo recurren madres e hijos.

Blandine, sin embargo, era mucho más perspicaz. Durante los años setenta y comienzos de los ochenta, mis padres aún eran jóvenes y, como concesión a la juventud, celebraban fiestas en casa. Para Blandine y para mí aquello siempre era una experiencia fascinante cuando, exiliados en la planta de arriba, merodeábamos junto a la barandilla escuchando el bullicio y el parloteo, los chillidos y el entrechocar de vasos, e inhalábamos los vapores ilícitos y las tufaradas del alcohol y el humo de cigarrillos, encaramados en las alturas, al borde del mundo misterioso y exótico de los adultos. A la mañana siguiente, mientras mis padres todavía estaban durmiendo la mona, nos despertábamos temprano y bajábamos las escaleras de puntillas, pisando con delicadeza entre los restos, interpretando las pistas como una pareja de detectives que estuviera desentrañando un misterio. Siempre me acordaré de la vez que encontré un par de medias detrás de una cortina y no entendí por qué a Blandine le parecía tan intrigante. Por supuesto, mi ingenua mente infantil no era consciente de las implicaciones de aquello. Una vez terminada la labor detectivesca, nos apresurábamos a bebernos los posos que quedaban en las copas y vasos que seguían desperdigados por el minúsculo salón y la cocina, tragándonos aquellos dedos de alcohol rancio y excitándonos con aquellas mezclas embriagadoras y pegajosas, así como con la estimulante sensación de la transgresión. Eso sí, no estoy seguro de cuántas de ellas habrían correspondido a mi padre, pues era prácticamente un abstemio total. Creo que el hecho de haber pasado su infancia lidiando con la faceta más desagradable del alcoholismo de mi abuelo le marcó profundamente, y salvo por alguna esporádica copita de jerez en Navidad, no creo que le viera beber jamás. Su obsesión era el té, que yo he heredado. Siempre andaba junto a la tetera eléctrica, echando hojas sueltas con una cucharita de plata corta y deslustrada. Después de una noche larga en el trabajo se quedaba en la cama hasta bien entrada la mañana, y cuando por fin despertaba, golpeaba salvajemente el suelo del dormitorio con un palo como señal para que mi madre le trajera el té, cosa que ella hacía sin vacilar. Hoy en día, esa clase de rituales parecen horriblemente misóginos y primitivos, pero mis padres tenían uno de esos acuerdos anticuados, no escrito y seguramente tácito, según el cual la división del trabajo en el seno del matrimonio estaba definida con toda claridad: mi padre ganaba el dinero y esperaba que mi madre se ocupara poco más o menos de todo lo demás. No recuerdo haberle visto limpiar ni fregar ni una sola vez, ni tampoco, a pesar de que se había formado como cocinero, recuerdo haberle visto ayudar nunca a cocinar. En lugar de eso, se sentaba ante la mesa a rumiar, y criticaba la comida de mi madre si esta se apartaba del modo que fuera de la consabida «carne con dos verduras». Cosa hilarante, incluso se refería a los espaguetis a la boloñesa como «bazofia extranjera», y cuando había terminado de darle vueltas a la comida con el tenedor, deslizaba el plato hacia el centro de la mesa con un mohín histriónico y un gesto de la mano desdeñoso, afeminado y ondulante, a modo de señal para que mi madre lo retirara. En lo que a él se refería, la jerarquía de su hogar estaba muy estrictamente definida: él era inglés y aquel era su castillo, y a medida que fueron transcurriendo sus años de matrimonio, comenzó a considerar incluso a su mujer cada vez más como si fuera de su propiedad. Aquel arcaico equilibrio pareció funcionar durante algún tiempo, pero a medida que mi hermana y luego yo mismo fuimos emergiendo del capullo aletargado de la infancia, comenzamos a cuestionar su autoridad y a chocar con él en las inevitables e interminables escaramuzas de la adolescencia.

Yo era un chico repelente, altanero y un tanto sensiblero, criado a base de Salad Cream[3], té con leche y carne barata, y siempre aparecía en las fotografías con el ceño fruncido y un poco abatido; no es que fuera realmente nihilista ni depresivo, pero no cabe duda de que era taciturno, y siempre andaba ligeramente atontado. Una vez mi madre me hizo un retrato involuntariamente hilarante, que todavía conservo, en el que aparecía en medio de un campo, de pie y con aire deprimido, vestido con un chándal azul y con la mano sobre un paquete de patatas fritas Sainsbury con sabor a sal y vinagre, luciendo una expresión soberbia y lúgubre, de morros, y mirando apáticamente hacia la media distancia. De niño, las patatas fritas eran uno de los pocos alimentos que de verdad ansiaba, y recuerdo claramente una fantasía con la que a veces me regodeaba, según la cual, cuando fuera mayor y tuviera dinero suficiente iba a comprarme una pequeña montaña de ellas. Realmente debería hacerlo algún día, solo por comulgar con mi yo de diez años. Como a la mayoría de niños, me encantaban los dulces, y cuando crecí un poco me acercaba regularmente con mi asignación semanal de veinte peniques a una de esas tiendas antiguas que había en el pueblo, que se llamaba Harold's, donde me compraba un cuarto de libra de Rainbow Drops[4] o Cough Candy: pegajosos caramelos de azúcar hervido mentolado que guardaban en grandes tarros de cristal, que extraían con una pala, pesaban y

3. *Salad cream*: condimento cremoso y amarillento basado en una emulsión de aceite, agua, yema de huevo y vinagre, utilizado como aderezo para ensaladas y para untar en pan. Fue introducido en el Reino Unido por primera vez en los años veinte. [*N. del T.*]
4. Marca de maíz hinchado y arroz azucarado vendida en Irlanda y el Reino Unido. [*N. del T.*]

servían en bolsitas de papel blancas. El propio Harold era una especie de gárgola descomunal y gruñona, siempre ligeramente irritado de que cualquier niño pudiera tener la temeridad de querer entregarle su dinero, y la tienda entera desprendía una especie de calma sombría y ancestral, como si de alguna manera uno acabara de ingresar en el siglo anterior. Tanto azúcar me pudrió los dientes, por supuesto, lo que significa que pasé lo que a mí se me antojó una parte muy grande de mi infancia siendo llevado a rastras al dentista de Haywards Heath. Para un niño de los años setenta, la experiencia de visitar a un dentista del Servicio Nacional de Salud —antes de que la modernidad hubiera convertido todo aquel asunto en algo vagamente tolerable— era auténticamente pavorosa, y a mí me infundía un terror frío, penetrante y casi enfermizo. Me quedaba tieso y encogido de miedo, con la boca abierta, en una de esas enormes sillas reclinables de color musgo, limpia como los chorros del oro, mientras el dentista pinchaba, excavaba, empujaba y taladraba a la vez que yo le apretaba la mano a mi madre e intentaba superar aquello entre lágrimas y un dolor horrible. Después de aquel calvario solía ir dando tumbos, con la boca ensangrentada y vomitando, por Haywards Road hasta llegar a casa del único miembro de mi parentela que tenía algo de dinero: la tía de mi padre, Eva, mi tía abuela, que vivía junto al parque en una agradable y vieja casa victoriana de ladrillo rojo que olía a cordeles y flores primaverales. Los sábados por la mañana, nuestra familia y una tribu entera de primos marchábamos en tropel hasta su casa para que nos pusiera una o dos monedas en las palmas de las manos, y había esporádicas tardes en las que nos apelotonábamos en su «living», nos sentábamos en sus muebles cubiertos de plástico y contemplábamos maravillados su televisión en color. Nosotros mismos solo logramos permitirnos una tele a mediados de los años setenta, que aun así no era más que un minúsculo televisor en blanco y negro. Eva había contraído matrimonio con un hombre de negocios bastante exitoso, mi tío Jim, al que luego perdió por una apoplejía una fatídica primavera, quedándose sin hijos y con una especie de estatus heredado de matriarca familiar. Su hermano, mi tío abuelo Harry, era un tipo amable pero misterioso que tenía una calva reluciente y pequeñas matas de pelo encima de las orejas que le daban aspecto de koala, y que se refería a las monedas de diez peniques como «florines». Vivía en Pimlico y trabajaba en el hotel Claridge's como empleado de mantenimiento. Los fines de semana solía quedarse con su hermana y entretenernos con relatos sobre princesas de Europa oriental y la opulencia de la gran ciudad. Era un soltero empedernido y no se le conoció nunca novia. Seguramente era gay, pero pertenecía a una generación en la que era imposible que aquello fuera aceptado públicamente. En años posteriores, la tía Eva empezó a padecer demencia. Al principio, sus comentarios acerca de las viviendas del vecindario aproximándose lentamente hacia ella sobre zancos, o su costumbre de dejar una galleta junto a mi foto y luego quejarse ante mi padre de que no me la hubiera comido, resultaban surrealistas e hilarantes, pero a medida que el mal fue avanzando lenta y sombríamente, no tardaron en adquirir un matiz más oscuro.

La hermana de mi padre, mi tía Jean, era una mujer vivaz y revoltosa, obsesionada con los gatos y con Elvis Presley, que iba tambaleándose con tacones altos y minifalda por Haywards Heath bajo un enorme y bamboleante cardado teñido de rubio. Era la encargada de la filial local de Dorothy Perkins y vivía en un piso situado encima de la tienda, en South Road, con su marido, un hombre agradable y tímido llamado Vic, su nutrida camada de niños, un gato de pelo largo llamado Kinky y una gran pecera iluminada llena de peces ángel tropicales. Recuerdo que solía beber Babycham[5] en aquellos vasitos pintados de los años setenta y que una vez mi madre le fabricó un burlete morado con forma de serpiente. Pero para mí solo es un recuerdo borroso y vacilante, pues su vida acabó en 1980 en una tragedia de dimensiones casi icónicas. La encontraron muerta dentro de un coche, con un hombre que se supuso que era su amante, después de que ambos hubieran sucumbido a la inhalación de vapores de monóxido de carbono. De niño, cuando oía los balbuceos y conjeturas del momento, para mí no estaba claro si aquello había sido un accidente o un pacto suicida o incluso un asesinato, pues los chismosos y cotillas especulaban y repasaban los escasos hechos. Creo que los forenses emitieron un veredicto no concluyente de «infortunio» que no hizo sino avivar el fuego de los rumores, que ardían con fuerza en nuestra aletargada localidad. Naturalmente, aquello fue un drama de proporciones gigantescas en el seno de la familia y una tragedia devastadora para sus hijos y su marido. Inspiró una canción que compuse más de una década después titulada «She's Not Dead», en la que intenté tomar prestados algunos de los detalles para hacer un bosquejo seguramente muy estilizado de aquel episodio desgarrador. Un fragmento de la letra original decía

5. Denominación comercial de una sidra de pera gasificada de poca graduación que gozó de gran popularidad durante las décadas de los sesenta y los setenta. [*N. del T.*]

«*carbon monoxide sang as the engine ran*[6]»; sinceramente no sé por qué lo descarté. Ahora me resulta extraño, y bastante desconsiderado, estar aquí sentado hablando de cómo he convertido en canciones acontecimientos personales que han devastado y cambiado el rumbo de la vida de la gente. Una parte de mí lo considera algo un tanto vergonzante y trivial, y espero no haber menoscabado nunca el recuerdo de nadie, pero creo que es importante darnos cuenta de que, en general, el arte suele ser un proceso de documentación, interpretación y canalización de las propias experiencias que las convierte en algo que habita en un lugar situado más allá de la realidad. He de decir en mi defensa, si no suena demasiado insustancial, que al menos la canción es buena, y espero que los personajes que aparecen en ella posean cierta gracia y dignidad. Vaya, esa era sinceramente la intención.

A mi madre le encantaba vagar por el campo y pasar el rato entre árboles y cosas que piaban, de manera que solíamos pasar bastantes fines de semana deambulando por los South Downs. A veces mi hermana y ella se embarcaban en épicas excursiones de tres días de duración por las *downlands*[7]. Cuando mi padre y yo nos apuntábamos eran relativamente indoloras, pero solíamos aprovecharlas para realizar expediciones de búsqueda de alimentos: zarzamoras a finales del verano y champiñones en otoño. Cuando no estábamos vagabundeando por los senderos de Wealdland se nos podía encontrar visitando castillos o iglesias. Mi padre se obsesionó con los calcos por frota-

6. «El monóxido de carbono cantando con el motor en marcha». [*N. del T.*]
7. El término *downlands* suele utilizarse para referirse a las tierras y colinas calcáreas del sur de Inglaterra. [*N. del T.*]

miento, y teníamos que quedarnos regularmente de pie en naves rurales llenas de corrientes de aire mientras él se arrodillaba, con el ceño fruncido, sobre sus efigies cerosas, informándonos acerca de sus lejanas e irrelevantes vidas. A menudo teníamos que soportar onerosos viajes a remotos transeptos y permanecer ahí de pie durante horas, aburridos y distraídos. Pasábamos las vacaciones casi exclusivamente en Gran Bretaña (cogí mi primer avión a los trece años), habitualmente en autocaravanas de alquiler o en parques de caravanas en lugares como Devon o Suffolk durante deprimentes vacaciones de medio trimestre en octubre. Las caravanas eran todavía más claustrofóbicas que nuestra minúscula vivienda, y siempre olían a cartón húmedo y a limpiador de inodoros. Llovía sin parar y nos pasábamos interminables horas llenas de resentimiento encerrados oyendo la radio, con mi padre en cuclillas y leyendo de mal humor las guías, mientras mi madre preparaba tazas de té en las minúsculas cocinitas.

En casa, nuestras vidas avanzaban a trompicones. Detrás del basurero, los chavales del barrio habían descubierto un sector más antiguo del anterior vertedero, cabe suponer que anterior a la guerra, y así se originó la moda de «desenterrar botellas». Errábamos por el erial pertrechados con herramientas de jardinería y palas y regresábamos cargados de cacerolas y frascos antiguos, y también con cristalería de color oscuro adornada y tallada con nombres de marcas de aspecto arcaico y obsoleto: botes de pasta de arenque ahumado, botellas de *codswallop*[8] que

8. La etimología habitual de este término, pese a ser falsa, la hace derivar del nombre de un fabricante británico de refrescos de la década de 1870, Hiram Codd. *Wallop* es un término de argot que significa cerveza. [*N. del T.*]

contenían canicas de cristal y hasta pequeños viales que advertían sombríamente del peligro del «veneno» en letras de vidrio en relieve. La flor y nata de todo ello iba a parar a las tiendas de antigüedades locales, a las que se la vendíamos por unos pocos peniques, antes de volver a verla aproximadamente una semana más tarde, reluciente, limpia y a unos precios espantosos.

Los bosques y áreas naturales que había detrás de la urbanización se convirtieron en una especie de terreno de juegos sin ley para todos los críos como nosotros. En cuanto uno pasaba del orden hormigonado a la arcilla de Wealdland, entraba en un alborotado imperio de tribus adolescentes, una especie de caos tipo *El señor de las moscas* dotado de bandas armadas con pistolas de aire comprimido y violencias menores; un universo autorregulado en el que los adultos rara vez se molestaban en entrar. Había pequeños grupitos de chavales que construían campamentos —básicamente un área pequeña hasta la que alguien había arrastrado un colchón viejo y algunos otros fragmentos de basura casera para crear una sensación vagamente doméstica— en los que nos sentábamos a beber limonada a morro de botellas de tamaño familiar, jugar a las cartas y chismorrear sobre fútbol. Si tu campamento lo descubría una pandilla rival era indefectiblemente destrozado: se meaban en el colchón y despedazaban los «muebles». Cierto año los chicos más mayores construyeron un elaborado laberinto subterráneo que incluía «dormitorios», tejados de hierro ondulado y paredes iluminadas por velas. Sobrevivió durante todo un verano y fue el telón de fondo de muchos episodios llenos de rumores hasta que también acabó por sucumbir al vandalismo y al agua de lluvia.

El primer colegio que recuerdo fue una de esas escuelas de primaria victorianas de ladrillo rojo, de esas que todavía tienen entradas separadas para *chicos* y *chicas*, legado de algún diestro cantero decimonónico. Fue una época agradable y relativamente feliz: una acuarela veraniega y vaporosa de patios de asfalto, *conkers*[9] y partidos de fútbol de cinco por bando, todo ello bañado con ese olor escolar aparentemente inmutable e intemporal a lápices de colores, leche cortada y suelos pulidos. Solo se veía perturbada por el espectro esquelético e irritado de una tal señorita Holden, una maestra chapada a la antigua y un tanto aterradora que abordaba el arte de la criba de la infancia de la misma manera que la señorita Jean Brodie en la novela homónima de Muriel Spark. En sus clases establecía élites a las que animaba y espoleaba, y esperaba de ellas excelencia, y a veces hasta bailes folclóricos. Me complace informarles de que con casi toda seguridad no ha sobrevivido documento fotográfico alguno en el que yo aparezca con campanas atadas alrededor de las piernas y un bastón de danza Morris. Aquellos días precedieron a la participación obsesiva de los padres en los colegios: una vez depositada la criatura en el aula y que el reloj daba las nueve, la dominación del docente se hacía hegemónica. Era un absolutismo que a menudo rozaba lo abusivo. Me acuerdo de una pobre criatura, que se había convertido más o menos en chivo expiatorio, arrastrada por el pelo por el pasillo como en una escena de *El muro* a la vez que le gritaban por ser como «la cola de la vaca: ¡siempre detrás!». Sin

9. Tradicional juego infantil británico e irlandés que consiste en hacer chocar por turnos castañas de Indias enhebradas en cordeles hasta que una de ellas se parte. [*N. del T.*]

embargo, y a pesar de algunos momentos desagradables, faltaría a la verdad si dijera que el tiempo que pasé allí no fue relativamente feliz.

Los años más turbios, cuando me depositaron bruscamente en Oathall, el gran instituto de secundaria local, todavía estaban por llegar: se trataba de un edificio imponente y desolador de los años treinta que atendía a las necesidades del conjunto del área circundante. A mi ingenuo ego de once años se le antojaba enorme y abrumador, y en efecto la cantidad pura y dura de golfillos chillones con pantalones grises resultaba intimidatoria. Había alrededor de treinta y cinco niños por clase y nueve clases por curso, de manera que el colegio albergaba a unos mil quinientos chavales. Era inmenso y ruidoso, y a veces podía resultar aterrador. Yo llegué allí a finales de los años setenta, cuando podríamos decir que la cultura de las tribus del pop estaba en su apogeo y los patios estaban repletos de bandas rivales. Hasta los chavales más jóvenes intentaban adaptarse a las gesticulaciones de sus diversos grupos de adopción: los punks llevaban el pelo de punta, los heavies se dejaban el suyo largo, los mods iban con sus parkas y sus corbatas abrochadas de diversas maneras, y los *rude boys*[10] iban rapados y con suéteres reglamentarios

10. Los *rude boys* —que debían su nombre a que la mayoría de estos jóvenes procedían de los guetos o eran expresidiarios— aparecieron en Jamaica a principios de la década de los sesenta. Para muchos de ellos, la actitud de los protagonistas de las películas estadounidenses de gangsters y westerns era un modelo de conducta. Asimismo, en su afán por imitar los discos de R&B que les llegaban de Estados Unidos, los jóvenes jamaicanos comenzaron a crear los suyos propios, sin olvidar sus raíces caribeñas, lo que desembocó en la creación del primer estilo musical propio de la isla, el ska. Tras la independencia de la isla (1962), muchos *rudies* emigraron a Gran Bretaña, donde terminaron asociándose con los mods, que también eran seguidores de la música negra estadounidense. Este acercamiento y otros factores acabó dando lugar al movimiento skinhead. [*N. del T.*]

de color granate llenos de chapas de Two Tone[11]. Todas las tribus eran relativamente inofensivas menos la de los skinheads, que flirteaban de manera mal informada con políticas de extrema derecha y adoptaban el estilo y la beligerancia de los grupos de matones racistas de principios de los años ochenta, como el National Front y el British Movement. Dado que yo había trabado una estrecha amistad con un chico cuya familia procedía de Nigeria y otro cuyos padres eran de la India, la constante amenaza de sufrir daños fue algo más inminente para mí, y presencié muy de cerca el repugnante resentimiento rociado de escupitajos de aquella gente: sus botas militares, sus palos y sus palabras llenas de odio. El colegio estaba plagado de violencias menores e intimidaciones respecto de las cuales los profesores o no podían o no querían hacer nada. En sus patios de hormigón y tras sus vallas metálicas, las pautas de persecución tradicionales —la de los débiles por los fuertes, la de los cándidos por los astutos— gozaban, curiosamente, de bastante aceptación. La única razón por la que me libré de la omnipresente amenaza de que me metieran la cabeza en el váter o algo peor —las palizas en grupo regulares y despiadadas que las pandillas de chicos mayores propinaban a chicos más jóvenes que consideraban que no opondrían resistencia— fue porque era relativamente alto y se me daban bien los deportes.

Yo nunca me compré pantalones punk con cremalleras ni me teñí el pelo, pero me enamoré del punk rock bas-

11. «Segunda oleada del ska» nacida en Inglaterra en 1977 mediante la fusión de elementos del ska, el punk, el rocksteady y la new wave. Este movimiento, que tuvo en Two-Tone Records su principal bastión, se caracterizó por la integración racial tanto del público como de los grupos musicales, entre los que cabe destacar a The Specials, Madness, Bad Manners, The Beat y The Selecter. [*N. del T.*]

tante pronto. La obsesión de mi padre por la música clásica se me antojaba de algún modo provocadora, beligerante y excluyente, lo que me llevó a abrazar la crudeza y la energía primitiva y primordial del punk, con la impresión añadida de que este, en lugar de formar parte de una era irrelevante, desvanecida y obsoleta, constituía una expresión de mi vida y del mundo que veía a mi alrededor —la mierda de perro blanca del pavimento, las cabinas de teléfono vandalizadas y llenas de pis y el constante miasma de la amenaza y el miedo— y de que de alguna manera, al expresar su verdad, contenía una nobleza propia no menos válida. *Never Mind the Bollocks* fue, y me enorgullece seguir diciéndolo, el primer elepé que me compré y el presagio de una historia de amor vitalicia con la música alternativa. Reuní el dinero haciendo recaditos varios y repartiendo periódicos, y un domingo fui al mercado de Haywards Heath a comprármelo; volví apresuradamente a casa con mi trofeo, que residió de forma casi permanente en el plato de mi tocadiscos durante meses, como una especie de campeón invicto. Por supuesto, al vivir en el extrarradio, uno accedía a las tendencias y las modas literalmente años después de que ya hubieran pasado por Londres y desaparecido de ahí, de manera que el arco descrito por la trayectoria de los Sex Pistols, igual que la luz de una estrella lejana, ya era historia cuando yo me compré el disco. No obstante, parecía absoluta y totalmente lleno de vitalidad, y me sumergí en sus surcos y me aprendí cada instante de su hermosa insurrección. Aún hoy suelo utilizar «Bodies» como intro; su grito carnal y primitivo nunca deja de suscitar la misma respuesta pavloviana que provocó en mí hace tantos años, sentado en mi minúsculo dormitorio mientras miraba Newton Road fijamente. A partir de ahí empecé a escuchar cosas más contemporáneas —el inframundo postpunk de comienzos de los ochenta de grupos como Crass y Discharge—, una música que politizaba el agitado desorden del punk. Yo solía estar arriba, en mi habitación, poniendo *The Feeding of the 5000* a tanto volumen como permitía mi sistema de sonido de bajo coste, mientras mi padre, abajo, ponía las *Variaciones Enigma* a toda pastilla. Si te situabas en algún punto de las escaleras, podías disfrutar de la experiencia de un estrambótico híbrido tipo Eno. Crass me fascinaban. De algún modo, las solapas pesadillescas, surrealistas y altamente politizadas de Gee Vaucher eran bellas e intimidatorias a la vez; resultaban atemporalmente elegantes pero acerbas, relevantes y preñadas de amenazas. Las canciones trataban sobre temas que yo hasta entonces había considerado ajenos al pop: la guerra, la violencia de género, la religión, el adoctrinamiento, y una ubicua voz inquieta, indagadora y disidente que destripaba las costumbres sociales y las estructuras políticas establecidas. Yo siempre ponía los elepés a 33 rpm, sin darme cuenta de que estaban pensados para ser escuchados a 45 rpm, y me enamoré de aquel aullido ralentizado e infernal, que parecía tan acorde con el contenido. Un día, sin embargo, alguien me informó de mi error, y cuando escuché la música por primera vez a la velocidad real, de algún modo la magia se perdió.

Repartir periódicos era poco menos que mi única fuente de ingresos, y por tanto se volvió fundamental para poder comprar discos. Algunas mañanas salía a rastras de la cama a las cinco y media e iba con la bici haciendo eses a ciegas por las calles secundarias de Haywards Heath mientras metía ejemplares del *Mid-Sussex Times* en buzones de aluminio. A cambio, me pagaban 3,25 libras semanales:

de acuerdo con los criterios actuales, aquello era trabajo esclavo, pero en 1981 era una suma principesca. Con las 1,25 libras extra del reparto dominical, tenía suficiente para alimentarme con un goteo constante de vinilos: *Brand New Age, The Stations of the Crass, Sid Sings* y muchas otras joyitas sagradas encaminaron sus pasos hasta mi dormitorio y acabaron en el altar de mi tocadiscos, un viejo cacharro Boots Audio de tercera mano que mi hermana me regaló cuando se fue de casa. Los potenciómetros eran ancestrales, por lo que uno de los altavoces solía chisporrotear y crepitar como si se estuviera aclarando la garganta, y el sonido era rasposo y carecía por completo de cuerpo o de peso. No obstante, siempre me he preguntado si su falta de precisión y claridad no conformaría de alguna manera la manera en que empecé a escuchar música. Dado que el sonido del estéreo era tan débil, supongo que aprendí a no fijarme en la sección de graves, y realmente no entendí para qué servía el bajo hasta los veintimuchos años. Para mí todo era una cuestión de medios-agudos y de la propia canción, y al igual que Pete Townshend compuso versiones de éxitos del pop que por lo visto había oído mal, también yo empecé a escuchar música a través del prisma distorsionante de mi aparato de alta fidelidad roto, y a tamizar los fragmentos que no parecían importantes. Me volví ajeno a toda sutileza en materia musical y me enamoré de canciones que me hablaban con claridad y sencillez, limitándome a seguir la potencia de las secuencias de acordes, las letras y las melodías. Aquello acabó influyendo en mi forma de componer: siempre iba dando tumbos en busca de ese gran estribillo que va acumulando fuerza y del golpe de gracia del gancho musical sencillo y letal. De todas formas, el meollo del asunto siempre —repito, siempre— ha consistido en convertir las cosas en algo propio; la imitación solo puede llevarlo a uno hasta cierto punto. Los parámetros de mi habilidad, aunque al principio fueran una limitación, acabaron transformándose en uno de mis puntos fuertes a medida que fui desarrollando el único estilo que podía desarrollar: el mío.

A medida que la música se volvía cada vez más importante, empecé a hacer amistad con chavales que compartían mi pasión. Algunos de ellos tenían la estrafalaria costumbre de cambiar de tribu literalmente de un día para otro. Mi amigo Simon Stevenson, un chico listo y gracioso con una enorme mata de pelo rizado a lo Marc Bolan, y con quien sigo manteniendo una estrecha amistad, hizo eso un día, presentándose en el colegio con unas botas camperas y una chaqueta vaquera con remaches. Había abandonado el barco y se había vuelto heavy. Me vendió sus singles de punk y me introdujo en esa excitante y estrecha franja de mezcla de estilos punk/metal como el *Paranoid* de Black Sabbath y el *Motörhead* de Motörhead, discos empapados en mezclas de sidra con cerveza, pachuli y la pulsión del peligro adolescente. Simon Stevenson es el primero de los cuatro Simons a los que vais a conocer a lo largo de estas páginas. Seguramente será por algún motivo generacional, pero es un nombre que me ha perseguido durante toda mi vida, y está ligado a cuatro personajes muy distintos entre sí pero muy importantes.

Otro chico del barrio al que conocía, este llamado John, vivía un poco más allá de nosotros, en una casa de muñecas de ladrillo rojo igualmente deprimente. Solíamos escabullirnos a su dormitorio a oír sus singles de punk, cosas como UK Decay, Sham 69 y Cockney Rejects. Nos aprendíamos todas las letras, imitábamos las posturas y nos creíamos los dos supermayores. Un día estábamos escuchando alguna espantosa movida plastic-punk y su madre, Betty —una mujer dulce y amable con el pelo rizado rubio de bote—, irrumpió en la habitación, escandalizada ante las palabrotas, arrancó el disco del plato y lo hizo pedazos en una especie de acceso de furia a lo *Daily Mail*. La sensación de transgresión fue exquisita y nos fascinó.

Fuese en parte una especie de reacción a aquel tufillo general de rebelión o no, una vez ese chico y yo nos metimos en un buen lío en el colegio por compilar una lista de estrafalarios e hilarantes castigos imaginarios para todos los profesores. Era una grotesca letanía de retribución casi medieval que incluía cosas como «colgarlos del pelo desde un helicóptero», etc., etc. Los detalles eran truculentos y exquisitos, y pretendíamos que tuvieran la misma clase de efecto macabro pero rebosante de humor negro que las ilustraciones de Edward Lear, a las que tanto me había aficionado. Sin embargo, tras sernos arrebatada por las manos de la autoridad durante una comida, no tardó en quedar despojada de todo humor e interpretada como algo hondamente maligno, y tuvimos que someternos al sutil pero humillante calvario público de permanecer de pie y cabizbajos de vergüenza, en la concurrida vía pública del colegio conocida como Piccadilly Circus, mientras las masas revoloteaban a nuestro alrededor y se reían de manera disimulada pero deliberada. No obstante, creo que el castigo más efectivo fue el hecho mismo de hacer tan públicas las oscuras maquinaciones internas de nuestra febril imaginación, a despecho de la comicidad de sus intenciones, y sufrí durante años preguntándome si aquel documento habría sobrevivido vergonzosamente «en mi expediente». Aquella experiencia plantó en mí una poderosa semilla, pues hizo que me diera cuenta de lo oscuramente seductoras, y a la vez traicioneras y peligrosas, que pueden llegar a ser las palabras.

De pequeño no creo haber tenido especial consciencia de que fuéramos pobres. Estaba demasiado encerrado en mi estrecho y egoísta mundillo infantil como para tener ningún sentido de la perspectiva. Nunca se me pasó por la cabeza que otros niños no ayudaban a sus madres a desplumar aves muertas ni a despellejar conejos, o que para calentarse en las noches de invierno, la mayoría de la gente no se limitaba a hacer piña ante una única chimenea, ni tampoco que Oathall estuviera lleno de niños ricos —había un solo instituto de secundaria para todo Haywards Heath—, pero poco a poco me di cuenta de que nuestras vidas, pese a no constituir un caso aislado, eran sin duda marginales. Hubo un sombrío rito en particular que me obligó a afrontar la dura y fría realidad. Como mi padre ganaba tan poco dinero, yo tenía derecho a comidas escolares gratuitas. Por alguna razón, el colegio, en lugar de hacer aquello de forma privada y discreta, obligaba a los infortunados niños que constituían aquel grupito nada envidiado a hacer cola para recoger sus vales especiales en el gran comedor escolar, bien a la vista de todos los demás, que no paraban de reírse disimuladamente y de burlarse. Me quedaría corto si dijera que era una experiencia humillante. Aquello era como una escena de una *workhouse*[12] dickensiana, un castigo por ser pobre, igual que ser puesto

12. Asilos de pobres de la era victoriana en los que niños y mayores tenían que trabajar para pagar su manutención y en las que las condiciones eran tan horribles que muchos preferían morir libres en la calle antes que ingresar en uno de ellos. [*N. del T.*]

en la picota o en el cepo: brutal, completamente innecesario, además de cruel y sin sentido. La experiencia me marcó profundamente y me infundió un miedo atroz a la pobreza. Su recuerdo me obsesiona con frecuencia y hace que me estremezca de miedo ante la idea de que mis propios hijos puedan tener que pasar algún día por algo remotamente tan horrible. Una experiencia no menos devastadora se produjo cuando, durante una escapada a Londres, el coche de mi padre se averió justamente a las puertas de los almacenes Harrod's, en Knightsbridge. Mi madre, mi hermana y yo tuvimos que bajar y empujar mientras mi padre le daba frenéticamente a la llave de contacto y pisaba los pedales entre un coro discordante de iracundos bocinazos. El simbolismo resulta ridículamente apropiado y poco menos que grotesco: nuestra pobreza iluminada contra un trasfondo de opulencia y poder; cuatro figuras insignificantes sumidas en una lucha desesperada mientras los símbolos de la riqueza contemplaban la escena con indiferencia.

3

Convivir con la excentricidad de mi padre significaba tener la continua sensación de que su estado de ánimo podía agriarse de forma súbita y caprichosa, y de que la casa quedara sumida consecuentemente en un escenario extraño y oscuro de tensión a lo Harold Pinter. Le sobrevenían episodios de paranoia y a menudo se quejaba de que la gente lo vigilaba o hablaba de él. Hacia el final de su vida, cuando la soledad y la depresión salieron victoriosas de su denodada lucha, vivía en una oscuridad casi completa, con las cortinas corridas, convencido de que siempre había alguien observándole desde el exterior. Cerniéndose como una sombra en los lindes de Haywards Heath se encontraba el hospital de St. Francis, un imponente manicomio de ladrillo rojo construido durante la década de 1850, hogar de los psíquicamente inestables y fuente de mucho humor negro y de leyendas locales, así como germen de peligros y rumores. En sus momentos más oscuros y más reflexivos, su espectro atormentaba a mi padre, y le aterraba «acabar» en sus fríos y húmedos pasillos victorianos, inmerso en un inframundo de camillas y fornidos auxiliares.

Mi padre había nacido en una familia en la que no es que no se valorara la educación, sino que más bien no se tenía verdadera consciencia de su existencia. Uno nacía dentro de su clase y no tenía aspiraciones más allá de la misma. Supongo que la cultura obrera del «chico que prospera» aún no había llegado al cénit futbolero y pop de los años sesenta, por lo que a mi padre, pese a ser un chico inteligente y sensible, le hicieron recorrer sin incentivarle de ninguna manera los estratos inferiores de la enseñanza, y acabaron canalizándole hacia una escuela de catering en Brighton, lugar desde el que derivó hacia una serie de empleos de baja categoría sin futuro que a él nunca le brindaron excesiva satisfacción ni a su familia excesiva seguridad. Durante breves períodos de tiempo fue heladero, jardinero y limpiador de ventanas, y hubo una época en los años setenta en que, cosa estrambótica, trabajó como encargado de limpieza de una piscina en el centro de ocio local, pese a que no supiera nadar. Sabe Dios cómo lograría reunir los requisitos necesarios para el puesto. Yo tenía auténtico pavor a los martes, pues era el día en que mi clase visitaba el centro para que nos dieran lecciones de natación, y sabía que los demás críos me atormentarían sin piedad señalándole y tronchándose de risa. Cuando, durante los años ochenta, mi padre finalmente sentó la cabeza y se decidió por la modesta profesión de taxista, su impresentable coche se había convertido en el símbolo de nuestra inseguridad. Para entonces había subido de categoría, pasando del Morris Traveller a un Volvo de tercera mano de gama media que siempre estaba averiándose y sobrecalentándose. Mi madre, mi hermana y yo aguardábamos ansiosamente las noticias sobre el estado del coche como si fuéramos los padres inquietos de una criatura enfermiza, penosamente conscientes del modo en que el desenlace afectaría a las vicisitudes de nuestra existencia. Volviendo la vista atrás, imagino que esas presiones acabaron pasándole factura. Si bien nunca había sido materialista ni ambicioso, aquel constante nubarrón de ansiedad y presión financiera debió de provocar las grietas y fisuras que comenzaron a evidenciarse en él. Estallaba en furiosos encontronazos con mi madre que desataban la tormenta, y mi hermana y yo nos encogíamos de miedo en nuestros dormitorios, inmersos en un trance horrible y compulsivo, incapaces de escuchar pero al mismo tiempo incapaces de no escuchar, poniéndonos a resguardo de las acusaciones y del vitriolo mientras las palabras airadas y ruidosas y los estribillos de las vajillas al estrellarse y de los portazos llegaban hasta nosotros por unas paredes finas como el papel. Sé por experiencia propia que a veces mantener a una familia puede llegar a ser una tarea abrumadora, así que las tribulaciones de mi padre con lo que era efectivamente un salario de miseria adquieren ahora un matiz noble y abnegado del que yo no tenía la menor idea en aquel entonces, sumergido como estaba en mi universo infantil de equipamientos de fútbol y clases de mates de dos horas.

Además de un historicismo imperioso y polvoriento, mi padre también tenía una veta genuinamente procaz. Se le daba bien contar chistes indecentes y obscenos, y andaba siempre haciendo comentarios humillantes, muchas veces en público, que podían resultar socarrones y a menudo crueles. En el extremo más leve del espectro estaban sus insinuantes y fálicos *steptoísmos*[13] del tipo «a

13. *Steptoe and Son*. Telecomedia británica de la BBC cuya primera temporada se emitió entre 1962 y 1965 (entre 1970 y 1974 se emitió una segunda temporada) y que giraba en torno al conflicto entre un padre avaricioso y «viejo verde», Albert Steptoe, y su hijo Harold, de treinta y siete años, lleno de aspiraciones y pretensiones sociales. [*N. del T.*]

la luz de la tea, no hay mujer fea», y así sucesivamente, pero el extremo opuesto podía ser gráfico, chabacano y lúbrico, y no pocas veces provocaba muecas. Aquello se fue haciendo cada vez más incómodo a medida que fui creciendo y entrando en una enojadiza adolescencia, pero recuerdo que ya sucedía cuando yo era muy pequeño, por lo que resulta evidente que mi padre no se molestaba en hacer uso de ninguna clase de filtro para niños. Es posible que aquello fuera el legado de años de codearse con otros trabajadores no cualificados en empleos sin futuro en los que aprendió el colorido lenguaje de los patios escolares, las cantinas y las cocinas como forma de encajar y asimilarse, y seguramente de defensa también, ya que era físicamente menudo. Los violentos y alcoholizados ataques de cólera de mi abuelo le habían dejado como herencia un credo de pacifismo físico —un noble intento de romper la fea cadena de la genética por el que siempre le estaré eternamente agradecido—, pero las palabras le habían dotado de otra clase de armamento, al que a menudo recurría despiadadamente. Sus desvergonzados y en ocasiones feroces giros de lenguaje debieron impregnar el tono de muchas de mis primeras canciones, que a menudo tuve conciencia de querer hacer igualmente lascivas, sembrándolas de tacos e imaginería sexual y disfrutando del genuino poder de conmoción que es capaz de generar el lenguaje de la calle; una especie de universo a lo Gilbert and George[14] lleno de grafitis de urinario y cubículos con mensajes escritos con rotulador. Se puede apreciar en los

14. Pareja de artistas británicos cuya labor se ha desarrollado en el marco del arte conceptual, la performance y el *body art* y que aborda temas controvertidos y critica a menudo al Gobierno británico y al poder establecido. [*N. del T.*]

versos de «My Insatiable One», «To the Birds» y «She's Not Dead», así como en las oscuras insinuaciones de un tema como «Pantomime Horse». Seguramente tuvo que ver en parte con la voluntad de ser polémico, pero también se debió parcialmente a mi deseo de utilizar un lenguaje real, no una saneada sucesión de bromas anodinas, y supongo que eso lo heredé de las ocasionales y toscas salidas del bocazas de mi padre.

Su falta de educación formal lo condujo a ir en busca del conocimiento que sentía que le había sido negado. Estaba obsesionado con la historia y nos sondeaba con interminables exámenes sobre la batalla de esto o la caída de aquello. Nos urgía a visitar, y nos llevaba él mismo continuamente a ver, castillos, iglesias y casas señoriales, y una vez allí permanecíamos dentro del coche en una infinidad de encharcados parkings del Patrimonio Nacional bebiendo té estofado en termos mientras la lluvia aporreaba furiosamente el techo. Nacido durante el ocaso de la influencia del Imperio británico, era un monárquico convencido que podía recitar el orden sucesorio y las fechas de nacimiento y muerte de todos los reyes desde Guillermo el Conquistador, y se ponía regularmente en posición de firmes y saludaba cuando sonaba el himno nacional antes de que echaran la carta de ajuste. Empezamos a coleccionar los símbolos de aquella autocracia —monedas y sellos británicos viejos— y rastreábamos las tiendas de artículos usados y las ferias de antigüedades cutres en busca de la escurridiza ganga que hiciera cambiar nuestra suerte. Cuando echo la vista atrás, me doy cuenta de que aquella fue una época dorada en la que yo seguía siendo esencialmente un muchachito simple y dulce desprovisto aún de las díscolas semillas de la adolescencia que todavía creía en el mito en el que necesitan creer todos los niños varones, a saber, que mi padre era fuerte, intachable y siempre tenía razón. Hubo un punto en que éramos inseparables mientras hurgábamos —absortos y a la vez unidos indisolublemente— en nuestro polvoriento mundo de *penny blacks* y *first day covers*[15]; yo todavía era demasiado joven para desafiarle de alguna manera, y él seguía siendo lo bastante romántico con respecto a la paternidad como para tratar de proporcionarme a mí la clase de vínculo amoroso que nunca había tenido con su padre. Quizás estuviera viviendo vicariamente a través de mí la crianza que los puños iracundos de mi abuelo le habían negado, y, en efecto, cada vez que me compraba aquellas ubicuas maquetas Airfix de los años setenta, siempre era mi padre el que insistía en montarlas, reduciéndome al papel de espectador y denegándome mi imperfecto sentido infantil del tacto. Aquello, sin embargo, nunca hizo que me sintiera excluido; al contrario, daba la sensación de tratarse de algo considerado e inusitadamente solícito por su parte. Tenía la sensación de que siendo amable conmigo transmitía amabilidad a un espectro infantil de sí mismo. En la actualidad, cuando contemplo su vulnerable cuerpecito, a veces tengo la misma curiosa sensación con mi propio hijo. Probablemente sea una de las razones por las que la naturaleza hace que los hijos se parezcan a sus padres.

Mi padre empezó a coleccionar memorabilia militar, cuyo elemento más destacado era una espada naval napoleónica que colgaba orgullosamente sobre nuestro

15. El *Penny Black* («penique negro») fue el primer sello postal de la historia, emitido por el Reino Unido el 1 de mayo de 1840. Un *first day cover* es un sello de correos franqueado el primer día en que se autoriza su uso. [*N. del T.*]

pequeño hogar de baldosas grises. El contraste entre la magnificencia de aquella antigüedad y la magnitud de la estancia debía de ser ridículo, pero era algo que se enorgullecía de poseer, y siempre andaba puliéndola y especulando acerca de en qué batalla particular podría haber entrado en acción. Años después, durante una de esas desafortunadas fiestas adolescentes improvisadas que celebraba las noches en que mis padres habían salido, un par de intrusos la robaron y mi buen amigo Simon Chambers —que, gracias a Dios, tuvo la presencia de ánimo de reaccionar a tiempo— los persiguió calle abajo y los placó.

Mi padre también empezó a coleccionar viejas tazas de coronación con las que empezó a adornar la cocina; la niña de sus ojos era una que lucía la efigie de Eduardo VIII, el rey que abdicó, que probablemente sería una rareza. Sin embargo, acabó hecha añicos en el transcurso de uno de los ataques de cólera de mi madre, y yo sigo en posesión de aquella reliquia imperfecta y mal pegada, y de todas sus otras tazas conmemorativas. Cuando mi padre murió, Blandine y yo tuvimos que afrontar la hercúlea y desoladora tarea de revisar todas sus cosas, y aquellas tazas estuvieron entre las pocas baratijas que de verdad quise conservar, pues su mezcla estrafalaria de imperiosidad y prosaísmo captaba de alguna manera un hilo conductor fundamental de su carácter.

Mi padre también adoraba los objetos decorativos excéntricos y raros de la era victoriana, y cuando no estaba escuchando a Liszt, nos leía en voz alta los chocantes y maravillosos poemas «sin sentido» de Edward Lear, y reflexionaba deliciosamente en voz alta sobre cada demencial estrofa de «The Jumblies» o «The Dong with a Luminous Nose». Puede que mi amor por las rimas internas sea un legado de aquellos polvorientos pareados, y desarrollé una fascinación por las ilustraciones —de insectos gigantescos o de gente amputándose los dedos— que los acompañaban, surrealistas y a menudo macabras. En la actualidad suelo leerle a mi hijo exactamente los mismos versitos insensatos mientras disfruto de la sensación de reflejar el pasado y de un grato sentimiento de continuidad, de la conciencia de formar parte de algo que va más allá de uno mismo.

Mi padre siempre iba inmaculadamente vestido, a menudo con los ternos que le había hecho mi madre. Durante los treinta y ocho años que lo conocí, jamás recuerdo haberle visto una sola vez sin corbata. En las fotos en blanco y negro hechas con una Box Brownie que tengo de él cuando era joven aparece vestido con elegantes trajes del *Rat Pack*[16], con el pelo peinado a lo James Dean, pero los estilos de los años setenta, más libertinos, lo transformaron en una especie de arrugado papá victoriano con un toque a lo Romanov: barbado, elegante y sosegado, ataviado con una antigua bata acolchada de raída seda roja y con una pipa de brezo permanentemente entre sus dientes manchados de nicotina mientras expulsaba volutas de humo y tornaba el aire espeso y azulado a su alrededor. A modo de estrambótico homenaje a otro de sus héroes, T. E. Lawrence, de algún modo logró hacerse con una vestimenta árabe completa, y a menudo solía exhibirse por su vivienda de protección oficial ataviado

16. Apodo de un grupo de actores y músicos estadounidenses que trabajaron juntos en películas, conciertos y espectáculos desde mediados de los cincuenta hasta mediados de los sesenta, congregándose primero alrededor de Humphrey Bogart y, tras la muerte de este, en torno a Frank Sinatra. Entre sus miembros más conocidos estuvieron Dean Martin, Sammy Davis Jr., Peter Lawford y Joey Bishop. [*N. del T.*]

como un doble de Peter O'Toole a la deriva en alguna clase de universo paralelo amargamente irónico.

Mi hermana se marchó de casa a comienzos de la década de los ochenta rumbo a la Facultad de Bellas Artes de Worthing, una especie de destino para jubilados de la costa sur, olvidado y dominado por ancianos, que para mí se convirtió en un lugar un tanto mítico. Me regodeaba imaginándome la desequilibrada yuxtaposición de ejércitos de pensionistas que caminaban a duras penas y la cultura febril y tumultuosa de los jóvenes estudiantes de Bellas Artes. Allí conoció a Tim, un joven que durante un tiempo se convirtió un poco en mi hermano mayor. Era un fan enorme de los grupos de los años sesenta y su entusiasmo era contagioso. Entre mi hermana y él, me introdujeron en toda aquella música olvidada —los Beatles, los Kinks, Bowie, los Who y Led Zeppelin— y a todos los discos prepunk que el implacable avance de la moda había hecho a un lado a comienzos de los años ochenta. Tened en cuenta que esto fue antes de que existieran las lustrosas revistas mensuales o YouTube o las *playlists* o cualquier forma real de revisionismo musical, cuando no existía expectativa alguna de que alguien fuera a molestarse en investigar la música del pasado, y por eso mismo se tendía a no hacerlo. Descubrir todo aquello me llenó de una especie de emoción jadeante y arqueológica. Mientras otros escolares se aficionaban al pop de las listas de éxito de Thompson Twins o el postpunk, yo estaba empezando a desenterrar discos de The Jefferson Airplane, Robert Wyatt y los primeros Pink Floyd, reliquias cantadas procedentes de un pasado confuso. Haciéndome vagamente eco de mi padre, me regodeaba en la leve marginalidad de aquello, disfrutando de estar desfasado y de ser ligeramente perverso.

Fue en torno a esta época cuando Blandine trajo a casa una destartalada y vieja guitarra española y un sencillo libro de acordes para principiantes. Me enseñó algunas cosas y yo me puse a trastear alrededor del mástil, intentando dominar valerosamente unos cuantos acordes elementales. El sonido que hacía aporreando toscamente la, re y mi debía de ser espantoso, pues no me daba cuenta —de entrada— de que una guitarra clásica sencillamente no se toca de la misma forma que una acústica, pero aquello plantó una semilla y seguí adelante con entusiasmo, aunque sin tener ni pizca de oído. Compuse algunas cancioncillas simplistas que remedaban el género cantautor y descubrí que justo me llegaba para mantener una nota, así que empecé a juguetear con la interacción de letra y melodía y di los primeros pasos vacilantes por el camino que habría de conducirme a una fascinación vitalicia por aquella alquimia escurridiza. Caí en la cuenta de que las canciones, igual que las conejeras o los ternos, podían ser algo que estuviera a mi alcance y que un día quizás pudiera confeccionar. Vi cómo estaba construido su andamiaje básico y que incluso si por el momento las mías estaban mal montadas y eran toscas y poco elegantes, de alguna manera, aunque fuera de forma muy primitiva, seguían funcionando. Recuerdo haber tenido desde muy temprana edad un agudo sentido de la melodía en la música. Me acuerdo vivamente de estar tendido en la cama de mis padres una tarde mientras mi madre jugueteaba con su pelo, tarareando para sí a la vez que yo apretaba el rostro contra las frazadas blancas y pensaba en la serie de notas que cantaba y cómo se contrarrestaban unas a otras. Ahora parece una obviedad, pero me di cuenta de que, en esencia, así fue como tuvo que comenzar toda música

—con alguien jugueteando con notas—, y de algún modo esa revelación convirtió la creación musical en algo menos misterioso. Como casi todo lo que había en casa era de confección casera, la verdad es que la idea de crear mis propias canciones no parecía demasiado disparatada.

Al echar la vista atrás, me doy cuenta de que las melodías que compuse y que acabaron definiéndome eran una combinación extraña pero directa de lo que oía en casa. No había manera de escapar de la grandilocuencia de la música de mi padre, y aunque me opusiera con frecuencia a su carácter pomposo, no puedo negar que siempre estuve intentando plasmar subconscientemente algo de su dramatismo. Nuestras atronadoras discusiones intelectuales y nuestros amargos y enconados debates sobre música habían dejado posos y me habían vuelto muy obstinado en lo tocante a ese tema, inculcándome un fervor religioso parejo y el punto de vista según el cual —por adaptar el viejo adagio de Bill Shankly[17]— no se trataba de una mera cuestión de vida o muerte, sino de algo mucho más importante. Y nunca he creído que fuera una actitud por la que tuviera que pedir disculpas, por muy pedante que los *haters* puedan pensar que eso me hace parecer. Años después, la prensa nos describió como «el grupo más carente de humor desde Joy Division», lo que pretendía ser una forma irónica de menospreciarnos, pero yo me lo tomé exclusivamente como un inmenso cumplido. ¿Por qué algo tan transformador, reafirmador de la existencia y celestial como la música no debería tener un peso y una

17. Célebre y respetado entrenador de fútbol británico que consiguió llevar al Liverpool FC a lo más alto dentro de la liga inglesa y obtener numerosos éxitos en Europa. [*N. del T.*]

gravedad que trascienda lo trivial y lo cotidiano? Siempre he odiado intensamente la ironía en la música, porque la considero una forma de cobardía, una máscara que permite ocultarse a aquellos que no tienen el valor o la convicción de desnudarse de verdad. Tengo que agradecerle a la desaforada pasión de mi padre el hecho de ser culpable en ocasiones de tomármela muy en serio, así como el hecho de que durante largos episodios de mi vida la música lo haya sido absolutamente todo para mí.

Por extraño que parezca, en el colegio fue la menos favorita de mis asignaturas. Me parecía elitista y no me cautivaba nada; un ejercicio deprimente consistente en recitar fechas y aprenderse reglas nemotécnicas, una letanía polvorienta e irrelevante de teorías áridas impartidas por un fósil vestido con traje de pana. Y por increíble que parezca, el maestro era el mismo que cuando mi padre había pasado por el colegio una generación antes, y tampoco había logrado encender chispa alguna en él, al menos en cualquier sentido formal de la palabra. No obstante, acudí a otros chavales del colegio y, como infinidad de otros chicos de las afueras en una infinidad de otras localidades de las afueras, formé el primer e inevitable grupo musical. El mío se llamaba, para mayor cachondeo, Suave[18] and Elegant. Más allá de que posiblemente fuera una especie de comentario bobo e irónico sobre el pop repeinado de los años ochenta, no tengo ni idea de por qué nos llamamos así, aparte del hecho de que nos divirtiese en ocasiones. «Nosotros» éramos yo —en el papel de cantante—, Simon Stevenson al bajo, y mi pícaro y travieso amigo Simon Chambers, un batería y músico fantástico

18. En inglés, *suave* significa «afable». [*N. del T.*]

en general cuyo espíritu inquieto y frenético nunca ha dejado de hacerme sonreír hasta la fecha. Simon y Simon habían estado antes en otro grupo del colegio llamado The Pigs, y tenían una especie de tema emblemático que se llamaba «We Are the Pigs». Años más tarde les robé alegremente el título, pero, cosa indignante, sin haberles otorgado jamás el debido reconocimiento. Me encantaba aquel significado brutal y homófono, y escribí una letra en torno a él sobre unos disturbios estilizados, una especie de oscura insurrección salpicada de insinuaciones de peligro. Para entonces me había obsesionado por el zoomorfismo y sentía que me había apropiado del título lo suficientemente como para que el robo pareciera justificado. De hecho, ahora que le doy vueltas, la idea de una canción emblemática para un grupo es algo que yo consideraba como una originalidad de mi letra para «Trash», pero estoy seguro de que incluso eso tenía alguna especie de primitiva raigambre en el «Pigs» originario, como lo estoy también de que probablemente existan otros ejemplos anteriores a ambas canciones.

Pero me estoy apartando del tema. Volvamos a 1984: para entonces me había dado por pavonearme por ahí con un traje barato de color amarillo limón que había encontrado en unas rebajas en Top Man. Imagino que pensaba que insinuaba una especie de sofisticación a lo Bowie, pero lo cierto es que seguramente tenía más aspecto de ser un Cliff Richard de saldo. A los dos Simon les molaba el heavy, y escuchaban a toda una gama de grupos que a mí me dejaban frío, como UFO y Rush, así que creo que probablemente hubo una ingenua tentativa por nuestra parte de emular esa clase de talento musical excesivamente complejo y aburrido. Sin embargo, a todos nos encantaban los Pistols, y Bowie también, pero de una forma obstinada; además de su canon clásico de los años setenta, adorábamos su encarnación de vodevil anterior: la teatral extravagancia de temas como «Please Mr. Gravedigger», «Karma Man» y «Maid of Bond Street». Los dos Simon también me introdujeron en Tyrannosaurus Rex, el prototipo *folky* previo de T. Rex. A nosotros aquellos títulos místicos, a menudo deliberadamente ampulosos e irónicos, nos parecían maravillosos, al igual que las canciones extrañas, encantadoras y jipiosas, y nos sentábamos en mi habitación a contemplar las carátulas de los elepés, que se nos antojaban como un portal que conducía a una época distinta. En cuanto dejábamos de lado las carátulas y volvíamos a colocarnos las guitarras en el regazo, machacábamos una u otra de nuestras dos espantosas y desentonadas canciones, apretujados en mi minúsculo dormitorio, hasta que de pronto mi padre abría la puerta a empujones y entraba con aire jactancioso, abucheándonos y riéndose de nosotros, con una expresión extraña a medida que sus emociones iban oscilando entre la diversión y la lástima. Podía llegar a ser extremadamente quijotesco, incluso patológicamente fantasioso. Durante toda mi infancia, estuvo dándome presuntuosamente la tabarra acerca de cómo yo iba a ser un pianista concertista, pero nunca se molestó en pensar en que me dieran lecciones de piano o alguna clase de formación apropiada. Eso sí, un día arrastró hasta casa un piano vertical destartalado y viejo que tenía un sonido tan espantoso que se quedó, taciturno y malhumorado, en un rincón de nuestra cocina durante años, sin usar, sin afinar y sin ser querido por nadie, ocupando espacio y sirviendo de soporte de tazas de té. Quizás todo ello formase parte del inevitable desafío entre generaciones que en una época anterior la música pop había instigado con tanta eficacia, pero el hecho de que yo cogiera una guitarra parecía desatar en mi padre una sensación latente de traición. Incluso cuando en los años noventa estuve lanzando al mercado discos de éxito, recuerdo haberle oído mascullar un irritable aparte sobre cómo mis «tonadillas» eran incapaces de rivalizar con la calidad de Hector Berlioz, o algo igualmente hiriente. La única vez que creo que realmente le impresioné con mi carrera musical fue cuando tocamos en el Royal Albert Hall y le senté en el palco para que viera la actuación. Creo que al menos pudo relacionar mi obra con el mundo clásico con el que estaba tan familiarizado, pero aun así, después del concierto no pudo resistirse a hacer el comentario de que le parecía que las guitarras «distorsionaban demasiado». «Bueno, papá», dije yo, «se suponía que eso tenían que hacer.»

No quisiera dar la impresión de ser cruel al compartir estos pequeños recuerdos de mi padre, pues sé que algunos de ellos no lo retratan del modo más favorable, pero lo que estoy averiguando mientras escribo esto es que, según voy desvelando cosas sobre él que están profundamente enterradas en mi memoria, también desvelo cosas acerca de mí mismo y la clase de persona en la que probablemente me convierta si no se me pone freno, así que en ese sentido para mí resulta muy importante ser sincero. Comprender a mi padre, por supuesto, es una forma de comprenderme a mí mismo. En la actualidad, siempre que alguien me pregunta cómo fue mi relación con mi padre, el adjetivo más exacto que se me ocurre es «complicada». Mi padre era un conjunto de personas fascinantes, algunas de ellas encantadoras, cálidas, amables, graciosas y cariñosas, y otras beligerantes, controladoras, sarcásticas y crueles. En un momento dado hacía cosas adorables y abnegadas como localizarme cuando estaba repartiendo periódicos y traerme el abrigo porque le preocupaba que me mojara, y acto seguido era capaz de ponerse enojadizo y paranoico y de encolerizarse mientras acusaba a su familia de «confabularse en su contra». El suyo era un amor combativo y desafiante, pero el desafío estaba acompañado por una profunda empatía que de algún modo era consustancial a mi relación con él. Todo hijo se ha mirado en alguna ocasión en el espejo y ha visto a su padre contemplándole, y si no lo ha hecho todavía no tardará en hacerlo, porque a medida que uno madura descubre que repite esas pautas y rarezas familiares que uno creía tan singulares. Supongo que un psicoanalista me diría que las frustraciones que percibí en mi padre eran mis propias frustraciones y temores, y que las proyecté sobre él o algo así, pero sin ánimo de orientar todo el debate hacia esa clase de léxico árido y clínico, para mí es importante reconocer que, en parte, documentar y describir a mi padre es documentarme y describirme a mí mismo: diseccionar la herencia, analizar los eslabones de la cadena que ligan a padre e hijo y que van más allá de ellos. Décadas después escribí una letra acerca de todo este asunto para una canción titulada «I Don't Know How to Reach You», que intentaba bosquejar un arco en el que yo no era más que un punto de una trayectoria situada entre mi padre y mi propio hijo. Es una idea que me obsesiona discretamente ahora que el panorama de la paternidad se va desvelando lentamente ante mí.

De todas formas, mi padre nunca se tomó demasiado en serio mi interés por la música pop, y si tuviera en cuenta la risible falta de habilidad que me caracterizaba en aquellos primeros años, tendría que darle la razón. Es más, la idea de que uno de mis hijos pudiera seguir mis pasos me provoca insomnio, y me entristece decir que sería ridículo recomendarles que se embarcaran en una profesión tan precaria; la testaruda y solitaria determinación que requiere, así como la arrogancia miope, las escasas probabilidades y la suerte pura y dura que exige tener éxito parecen casi insuperables, y en la moderna era digital las recompensas parecen desproporcionadas. Si bien me alegro de que lo hicieran, la verdad es que no entiendo cómo mis padres me permitieron alguna vez dedicarme profesionalmente a la música, pues ni tenía formación alguna ni había mostrado precozmente ninguna aptitud especial, así que, desde muchos puntos de vista, la falta de apoyo de mi padre era completamente comprensible.

Mi madre, sin embargo, siempre se mostró menos acerba que él; se sentaba con nosotros y tarareaba nuestras horribles canciones con un ánimo leal lleno de acogedor apoyo maternal. No consideraba la música como el furioso campo de batalla poblado de opiniones explosivas que veía en ella mi padre, y sus gustos eran mucho más populistas, sobre todo el folk de los años sesenta, que escuchaba mientras pintaba o cosía. Siempre andaba confeccionando, diseñando o remendando algo. Ese maravilloso sentido del propósito, la idea de que si querías algo, lo hacías tú mismo, debió de transmitírseme un poco. Lentamente, comencé a aplicar ese espíritu a mis torpes escarceos con la composición.

Mi padre, sin embargo, era escandalosamente franco en lo tocante a la música, y se mofaba y burlaba cruelmente de todo aquello que se aventurara más allá de las estrechas fronteras de sus gustos. En cierta ocasión, muchos años más tarde, volvimos a visitar el Albert Hall para asistir a la *Rapsodia sobre un tema de Paganini*, de Rajmáninov. Antes del evento principal, habían programado una pieza experimental de Béla Bartók. A mi padre le pareció odiosa, y mientras estaban desvaneciéndose los últimos acordes, en esa fracción de segundo que separa la nota final de la primera cascada de aplausos entusiastas, se puso en pie de un salto y rugió «¡bazofia!» a pleno pulmón, alto y claro, contrastando nítidamente con aquel silencio riguroso y momentáneo. Cinco mil rostros escandalizados e iracundos se volvieron hacia nosotros mientras yo permanecía ahí sentado, palpitante de incredulidad, y el rostro de mi padre se contorsionaba en una extraña mueca de triunfo y rebeldía.

4

Llegó el momento de presentarse a unos cuantos exámenes y me fue bien; entré cual sonámbulo a las pruebas de final de bachillerato en el Instituto de Secundaria de Haywards Heath, un edificio inexpresivo, genérico e institucional situado junto a la estación del ferrocarril, como a la deriva entre un pequeño mar de oficinas y viviendas de clase media baja. Si eras un chico espabilado, en Oathall te orientaban automáticamente hacia las ciencias y las matemáticas, cabe suponer que con destino a una trayectoria profesional aburrida y funcional basada en la ingeniería. La lógica subyacente debía ser que quienes salían de un instituto de secundaria de Haywards Heath sencillamente no se convertían en artistas o en músicos. A mí, sin embargo, la física siempre me había parecido absolutamente fascinante, sobre todo la mecánica newtoniana, tan pulcra, elegante y satisfactoria. Contribuyó bastante a ello el hecho de que nuestro profesor, un tal señor Bamford, nos estimulara muchísimo: era uno de esos alquimistas míticos de guion cinematográfico, capaz de llenar de urgencia y vida lo que en manos de otros habría resultado árido y polvoriento. Cuenta la leyenda que tras abandonar la enseñanza se hizo sacerdote de un día para otro, lo cual no hizo sino contribuir a incrementar su misterio y su carisma. Eso sí, los exámenes de final de bachillerato no los encontré tan estimulantes, y empecé a aburrirme con la educación y a arrepentirme de mis opciones. Para llenar aquel vacío, comencé a quedar cautivado por la magia y la fascinación de la música, y descubrí toda una gama de discos raros de principios de los ochenta. Grupos como The Cult, Joy Division, Cocteau Twins, Lloyd Cole y, sobre todo, The Smiths se convirtieron en habituales en mi tocadiscos, y relegaron a UK Subs y a Stiff Little Fingers a los rincones polvorientos y olvidados de mi colección, donde languidecieron, exilados y depuestos cual reyes del Medievo.

Empecé a juntarme con otro Simon, este apellidado Holdbrook, un chico afectuoso, atento y en ocasiones atribulado que sentía la misma fascinación que yo por los rincones más turbios de la existencia, y con quien compartí la emoción de la marginación; éramos dos soñadores de pueblo atrapados en una sombría celda del extrarradio que anhelábamos las emociones y promesas situadas más allá. Al igual que mil otros soñadores de un millar de otras localidades del extrarradio, estábamos convencidos de que nuestra experiencia era única, pero el hecho de que no lo fuera no la hacía menos especial. La familia de Simon tenía un poco más de dinero que la mía, así que vivía en una parte más acomodada de Haywards Heath, pero aun así seguía estando muy lejos de considerarse un barrio pijo; las casas en forma de caja tenían un poco menos forma de caja, y podían permitirse el lujo de comprar cosas en lugar de confeccionarlas o encontrarlas, lo cual, para ser sinceros, a mí seguramente me pareció pija. Como modalidad de escapismo, nos sumergimos en una quimera idealizada de la década de los sesenta. Parecía un antídoto al mundo de hormigón gris y funcional en el que habíamos nacido, y en cierto modo me ayudó a asimilar la ausencia de mi hermana. Ella siempre había sido una persona fuerte, decidida y muy independiente, y se había marchado de casa años antes dejando tras de sí su dormitorio vacío con orientación norte, su tocadiscos y una pila de vinilos anacrónicos. Solía ir a su habitación para escuchar melancólicamente sus discos, aferrándome a esa música del pasado porque de algún modo formaba parte de ella. Como cualquier hermano menor, yo la admiraba y seguramente romantizaba enormemente su vida en la Facultad de Bellas Artes; y sí, la echaba terriblemente de menos.

Simon y yo nos sentábamos en su dormitorio a rasguear ineptamente nuestras guitarras eléctricas baratas y componer canciones con títulos involuntariamente desternillantes como «String the Years Together Like Beads» u «Homage to the Beatles»[19]. Ahora parecerá muy cómico, pero creo que en aquel entonces la sensación era de emoción, descaro y una vaga extravagancia, porque aquello no pegaba nada con el *Zeitgeist* popular de Bryan Adams y Bruce Springsteen. Inspirados por el romanticismo de la psicodelia de los años sesenta y gracias a nuestra fascinación por el famoso libro de Aldous Huxley, descubrimos las maravillas de las setas lisérgicas: estas eran gratuitas, extremadamente potentes y abundaban en los neblinosos campos otoñales lindantes con lo más recóndito de

19. «Enhebremos los años como si fueran abalorios» y «Homenaje a los Beatles», respectivamente. [*N. del T.*]

nuestro aburrido pueblo. En las mañanas de septiembre, poníamos las alarmas y nos encontrábamos, aturdidos y todavía amodorrados por el sueño, antes de empezar a vagar con katiuskas y chubasqueros por la hierba empapada de rocío otoñal en busca del precioso cargamento blanco, que llevábamos a casa de contrabando y con el que hacíamos té. Las horas se fundían unas con otras e iban pasando mientras errábamos, aturdidos y sin rumbo, por callejones, circunvalaciones y rotondas, maravillados ante tanta abyección y perdidos en el laberinto de nuestras balbuceantes meditaciones. Años más tarde compuse una canción titulada «Where the Pigs Don't Fly» sobre aquellos episodios, que a lo largo de las décadas inspiraron tantas historias e ideas, así como el título de una olvidada cara B —«This World Needs a Father»—, que surgió directamente de una de aquellas desconcertadas incursiones. «Where the Pigs Don't Fly» fue un intento de casar lo prosaico con lo surrealista, a la manera de los Pink Floyd de la era Barrett; las referencias a las «furgonetas de helado robadas» y a chavales con jerséis cubiertos de rosas eran pequeños fragmentos de recuerdos de infancia que introduje en el marco vacilante y psicodélico de la canción. La versión ligeramente inepta y original que compuse con mi vieja Aria Elecord era mucho más extravagante y frágil que la versión que logró llegar hasta el estudio de grabación, que en cierto modo era más robusta y tenía un sonido más setentero. La frase «donde los cerdos no vuelan, yo sí» era —supongo— un intento de resumir la sensación de abyección que nos producía ir dando tropiezos por las lúgubres calles del extrarradio en un estado completamente alterado, con el esmerado orden del mundo cotidiano reducido a un espejismo insólito y risible.

Una vez hasta logramos hacernos con un poco de ácido: pintorescos cuadraditos ilícitos de papel secante en los que había impresa una dosis de LSD en forma de huella dactilar. En aquella ocasión se unió a nosotros un chico que acabaría convirtiéndose en amigo para toda la vida, el picaresco y a menudo descacharrante Alan Fisher. Hacía un hermoso día de verano de mediados de la década de los ochenta, y habíamos ido vagando sin rumbo hasta Beechhurst, una especie de parque de atracciones sito en las afueras, agradable, suburbano y chapado a la antigua, dotado de un césped para jugar a los bolos, una vía férrea en miniatura y un minigolf. A propósito, también era el lugar donde mis padres habían celebrado su banquete de boda una generación antes, y fue el escenario de una de las tardes más extrañas y más memorables de mi vida, en la que los tres fuimos dando trompicones durante horas en torno a la pista de golf en miniatura, convulsionados de risa, olvidado ya el objetivo del juego mientras grupos de frágiles abuelitas nos miraban con desconcertadas expresiones de asombro, preguntándose sin duda qué sería lo que nos hacía tanta gracia. Fueron unos momentos maravillosos en los que el futuro se extendía ante nosotros sin límites ni trabas, preñado de posibilidades, y en los que, como todos los jóvenes, nos creíamos inmortales, y también que aquellos momentos durarían para siempre.

Sin embargo, más adelante, la historia de Simon acabó convirtiéndose en una tragedia. Se sumió en la depresión a los veintipocos años y terminó quitándose la vida. Con el paso de los años, aquellos días brumosos y soleados con él se volvieron aún más enternecedores, y él siguió siendo siempre el chico afectuoso y encantador que no habría de ser. Asistí con mi padre a su funeral en Haywards Heath durante los años noventa y logré aguantar en silencio hasta que la ceremonia culminó en el «Let It Be» de los Beatles. A medida que la hermosa y quejumbrosa melodía se iba intensificando fui recordando todas las tardes que habíamos pasado en su dormitorio escuchando esa misma canción, y finalmente perdí el control y lloré como un bebé en brazos de mi padre. La letra de la canción «Breakdown» la escribí pensando en él, y una década más tarde intenté hacerle un poco de justicia a su memoria con otra canción, «Simon», pero descubrí que el artificio de la música jamás puede dar cuenta del todo de algo tan completo como una persona. Simplemente acaba dando la impresión de ser un montón de palabras bonitas, y punto.

Aquella fue una época extraña y de transición. Me vi libre de las cuadriculadas estructuras escolares, pero aún era demasiado joven como para percibir ningún rumbo tangible a seguir, y me movía por inercia y de manera errática. Acabé siendo absorbido por un universo vagamente misógino y provinciano de motocicletas de baja cilindrada, hurtos menores en tiendas y episodios de borrachera en parques. Mi amigo Simon Chambers y yo logramos reunir algo de dinero para comprarnos unas Yamahas DT 50 baratas de tercera mano, y nos dedicábamos a pasar zumbando y chisporroteando por las circunvalaciones y rotondas de Haywards Heath, incumpliendo el código de circulación y provocando inquietud. Nuestro truco favorito consistía en llevar máscaras de Spiderman o de Mr T debajo de nuestros cascos, adelantar a los coches y contemplar la expresión atónita y confusa de los conductores cuando volvíamos la cabeza para mirarlos. Yo solía ir con una vieja chaqueta negra de motero de los años sesenta que me había regalado mi padre, en el dorso de la cual había escrito *Lou Reed* en caracteres blancos, y mi corte de pelo era una tentativa casera que había perpetrado estúpidamente ante el espejo una aciaga noche. Buscaba un corte severo, más o menos punk, pero solo conseguí acabar con una pinta miserable y sarnosa, como de paciente de cáncer o fugitivo de laboratorio. Por increíble que parezca, en aquellos tiempos los jóvenes podían conducir motocicletas bastante potentes sin tener que someterse a un examen ni a formación alguna. Yo era un conductor espantoso sin el menor sentido de la circulación ni del mantenimiento de mi moto, por lo que a nadie le sorprendió lo más mínimo que finalmente la estrellara contra un muro después de intentar adelantar a un coche en una curva con los neumáticos desgastados en un día lluvioso; estuve a punto de matarme. Las espirales de las cicatrices que hasta el día de hoy recorren mis piernas siempre me recuerdan crudamente mi despreocupada temeridad juvenil. Creo que durante todo ese período estuve explorando mis límites y mis umbrales de la forma en que acostumbran a hacerlo los jóvenes, desafiándome a mí mismo en un intento de emular lo que yo consideraba como la masculinidad; una imagen que me estaba siendo transmitida por los canales habituales, pero distorsionada por la cultura manifiestamente machista de mi anodina ciudad satélite. Antes de que tuviera la madurez y la confianza para ser yo mismo, estuve jugando con la idea de convertirme en otra persona, probándome una indumentaria que en realidad no encajaba conmigo y consolidando esas capas quebradizas, ese frágil caparazón emocional que muchos hombres llevan puesto durante toda su vida en un esfuerzo por convertirse poco menos que en un constructo ficticio, en una amalgama de rasgos ajenos tomados de sus ídolos, parientes y pares.

Cierto verano, en un desafortunado instante de entusiasmo juvenil, Simon Chambers y yo decidimos ir juntos a pasar unas vacaciones baratas. Optamos por Ibiza, pues se rumoreaba que era un antro de perdición y desenfreno, lo cual constituía todo un reclamo para nuestra desorbitada búsqueda adolescente de aventuras y encuentros de toda clase. Por desgracia, acabamos en San Antonio, una especie de lúgubre reserva natural para animales salvajes de entre dieciocho y treinta años, un microcosmos que reunía todos los peores aspectos de la Gran Bretaña *low-cost*, incluidos los kebabs y los pubs llamados The Red Lion, repleta de cerveza y pandillas errantes de jóvenes desesperados, sobreexcitados y solteros de Kettering. Durante nuestra primera noche allí, Simon, deshidratado tras pasarse la tarde entera privando, bebió un poco de agua del grifo para saciar su sed, lo que tuvo como resultado que se pasara los diez días siguientes retorciéndose en la cama entre gemidos y con el estómago agarrado mientras la gastroenteritis que había pillado iba recorriendo su cuerpo. Durante el resto de aquellas vacaciones, erré solo por unas calles asquerosas y repletas de vómitos, desconectado, melancólico y sin compadre, encerrado en un infierno a lo Martin Parr[20] de camisetas «Choose Life» y desayunos a base de fritanga, y con la embriagadora promesa de alegres correrías desmelenadas reducida a una amarga fantasía iluminada por la fría realidad de mi timi-

20. Fotógrafo inglés internacionalmente reconocido por su fotografía de documentación social, cuya obra se caracteriza por el sentido del humor y la ironía de su mirada sobre el estilo de vida de las clases populares británicas. [*N. del T.*]

dez adolescente, pues fui incapaz de relacionarme ni de llegar a conocer a nadie. Ironías de la vida, décadas después, la belleza real de aquella isla me fue revelada cuando mi mujer me introdujo en la tranquila calma rural del norte, donde pasamos innumerables veranos placenteros y lujosos, con el otro lado de la isla, más escabroso, convertido en una sombra extraña y distante.

De vuelta en Haywards Heath, comenzó otro semestre en el instituto, y cuando todos los estudiantes ya se habían marchado a casa, yo me acercaba al humeante cuchitril del bedel a recoger mi cubo de espráis y trapos para poner manos a la obra a mi trabajo de las tardes: limpiar los retretes, cambiar los rollos de papel higiénico, llenar los dispensadores de jabón y pasar la fregona por el suelo embaldosado. Al escribir sobre ello ahora, seguramente dará la impresión de que era algo desagradable y degradante, pero yo no lo recuerdo así. Simplemente estaba contento de ganar algún dinero, y de todos modos tampoco era trabajo esclavo; me pasaba la mayor parte del tiempo sentado, charlando, fumando tabaco de liar y tomando té flojo con leche con el bedel, un exmarino fibroso, curtido y simpático que tenía la manga llena de tatuajes azules difuminados, un corte de pelo severo y un arsenal de anécdotas.

Cerca del instituto había un polígono industrial, y cierto verano conseguí que me dieran empleo en él, en una fábrica llamada Worcester Valve. Era un sitio lóbrego y deprimente lleno de hombres de mediana edad exangües y esquivos que parecían pasarse todo el día quejándose y ojeando lascivamente la prensa sensacionalista. Me dieron un martillo y me acompañaron al exterior, donde había un enorme montón de válvulas industriales. Mi trabajo consistía en romper la abrazadera metálica que asomaba de cada una de ellas y luego arrojarlas a un montón nuevo. Al final del verano el montón había ganado varios metros de altura y yo me había pasado todos y cada uno de los momentos de todos y cada uno de los días realizando la misma tarea monótona y aburrida. Aquello me dejó añorando la fregona.

En el instituto había otro chico en el que empecé a fijarme. Era muy alto y resultaba inexplicablemente fascinante pese a su rollo gótico desmañado. Solía fijarme en él cuando presidía su séquito en el salón comunal, que desprendía un olor amargo, rodeado de un público de acólitos de mirada desorbitada apiñado a su alrededor que estaba pendiente de todas y cada una de sus palabras mientras él los ilustraba acerca de los matices del marxismo o de la representación proporcional. Tenía una presencia magnética y cautivadora, y un día entré ahí y me lo encontré sentado a solas tocando algún riff postpunk en un viejo bajo, así que empecé a hablarle de música. Se llamaba Mat Osman. Al principio recelaba un poco de él: había llegado al instituto a través del colegio rival, más pijo, de Warden Park, con el que, como cabía suponer, Oathall estaba enzarzado en disputas inútiles, violentas e interminables. Su evidente sofisticación e inteligencia podían llegar a intimidar; era capaz de debatir de política y cultura con lo que parecía ser una gran destreza, y cuando expresaba sus opiniones como si de hechos se tratara, lo hacía con una confianza en sí mismo que lindaba con la arrogancia. Decidí que me caía bien. El primer recuerdo que tengo de Mat es como una especie de agitador político en ciernes; organizó una protesta estudiantil contra esto o lo otro, y consiguió que todo el instituto evacuase en masa el edificio y se sentase en el exterior. A medida que el director, evidentemente muy versado en la psicología del control de multitudes, iba seleccionando individuos y amenazándolos con la expulsión temporal, la protesta comenzó a desmoronarse. Mat fue el único que tuvo la presencia de ánimo de darse cuenta de que la unión hacía la fuerza, así que gritó: «¡Que todo el mundo permanezca sentado! ¡No puede expulsarnos a todos!». Si la amenaza de expulsión contra él hubiera llegado a materializarse, puede que yo no estuviera aquí sentado escribiendo esto. Era un tipo de principios, y también era culto de una manera con la que yo no me había topado con anterioridad, lo cual resultaba excitante y estimulante, y decidí que podía aprender mucho de él.

A esas alturas, en una especie de desafortunado homenaje dylaniano, me había dado por tocar canciones folk por las esquinas de Haywards Heath. Me ponía delante de la puerta de Sainsbury's con Simon Holdbrook, en South Road, y berreábamos ineptas versiones de «With God on Our Side» o «The Wreck of the Edmund Fitzgerald», hasta que nos obligaban a marcharnos o, cosa más habitual, hasta que nos daban unas monedas por dejarlo. Un día me llevé la guitarra al instituto, Mat me oyó enredando desafinadamente y me pidió que me uniera a su grupo. Se llamaban Paint It Black y necesitaban un guitarrista, así que me uní a ellos en una de esas casetas prefabricadas a base de módulos que hay en los terrenos escolares de todos los institutos del mundo, y ensayamos una serie de sencillos fragmentos musicales de escasa originalidad. En mi experiencia, siempre es emocionante tocar con otra gente; es una especie de autoengaño voluntario que te sume en un trance placentero que a menudo no deja ver la cualidad objetiva de lo que en realidad estás haciendo. De ahí que existan tantos grupos espantosos que se emperran en seguir adelante bajo la ilusión de que están creando algo extraordinario. Nosotros no éramos en modo alguno distintos, pero la experiencia debió de proporcionarnos algún ímpetu porque seguimos avanzando a trompicones y organizamos más ensayos.

Mat conocía a un chico del barrio llamado Gareth Perry. Tenía reputación de ser un apuesto donjuán, y como su hermano era un modelo famoso —el tiarrón musculado que sujetaba al bebé en aquel ubicuo póster en blanco y negro de los años ochenta—, estaba dotado de una cierta mística provinciana. Semejante proximidad a los remotos corredores de la fama y el glamur resultaba indudablemente embriagadora para unos aspirantes provincianos como nosotros, pero —cosa aún más importante— realmente sabía cantar. Tenía una de esas potentes voces soul/pop a lo *X-Factor*[21], de esas que gustan a los jueces, y una presencia evidente, así que acabó convirtiéndose en nuestro líder. Por alguna razón, solíamos ensayar en mi casa, todos apretujados en mi húmedo y frío dormitorio con orientación norte, presidido por mi mural de Pink Floyd y mi collage de fotos raras. Sentados en mi cama monoplaza, machacábamos con entusiasmo nuestro repertorio de canciones de cinco acordes con títulos tan previsibles como «She's the Knife» o «Reasons for Leaving», mientras mi padre nos interrumpía de continuo intentando lograr que nos interesáramos por fotografías de la máscara mortuoria de Chopin o por su nuevo libro sobre Elgar. Las severas críticas que había reservado para mi grupo ante-

21. Concurso de la televisión británica dedicado a descubrir nuevos talentos vocales. [*N. del T.*]

rior habían amainado un tanto, posiblemente porque creía que Mat era, al menos superficialmente, una especie de reencarnación de Franz Liszt. En efecto, en uno de los muchos retratos del compositor que colgaban de nuestras paredes la semejanza era asombrosa; los dos compartían el mismo perfil aguileño y el mismo semblante distante e imperial. Mat respondió cortésmente, una y otra vez, al aluvión de preguntas sobre sus orígenes familiares, pero mi padre continuó igualmente fascinado por él. De todos modos, seguimos adelante con nuestro repertorio de rock-según-las-reglas durante algún tiempo más, hasta que poco a poco el *Zeitgeist* empezó a impregnarnos.

A mediados de los años ochenta, encabezada por grupos como los Smiths, la música alternativa empezó a impugnar los dogmas del rock y a invertir las actitudes de los años setenta. Canciones sobre la debilidad y el fracaso y las rutinas monótonas de la vida real comenzaron a calar hondo en mí, e inspirados por el movimiento C86[22] y las *shambling bands*[23], nos rebautizamos con el nombre de Geoff. La ridícula y cómica vulgaridad de aquel apelativo nos atrajo en calidad de una especie de celebración irónica de lo prosaico. Todos empezamos a adoptar un uniforme oficioso: vaqueros arremangados y ceñidos, zapatos grandes y estrambóticas chaquetas de obrero fabril de color azul oscuro con aspecto de batas de laboratorio

22. Nombre de una recopilación en casete publicada en 1986 por la revista musical británica *New Musical Express* que posteriormente dio lugar a un subgénero del rock. En julio de 1986 *NME* promovió —junto con el Instituto de Londres de Arte Contemporáneo— una semana de conciertos protagonizada por la mayoría de grupos que figuraban en la casete. [*N. del T.*]
23. Descripción acuñada por el disc-jockey y locutor de radio John Peel, que celebraba el enfoque primitivo y la reducida técnica de muchos de aquellos grupos, caracterizados por sus estructuras melódicas de *power pop*. [*N. del T.*]

truncadas. Cada cierto tiempo nos acercábamos fatigosamente a Brighton, donde nos quedábamos fumando en una cola serpenteante con todas las demás *fashion victims*, a la espera de obtener nuestros cortes de pelo cuadrados de dos libras y media en una peluquería que había junto a la estación llamada Freddy's. En no poca medida, aquella imagen estaba inspirada por la moda estudiantil ochentera de imitar la iconografía del socialismo, pero creo que nosotros pensábamos, sin duda equivocadamente, que le habíamos dado un giro propio. Canjeé mi vieja guitarra roja Westone Thunder 1-Active por una imitación barata de una 335 semiacústica —en un vano intento por sonar más como Johnny Marr— y seguimos puliendo nuestro sonido. Por desgracia, yo sencillamente no era lo bastante buen guitarra solista como para que aquello llegara a buen puerto, y esas canciones que nosotros pensábamos que empezaban a sonar de forma parecida a «Cemetery Gates» seguramente se parecían más a «Happy Hour». No obstante, cosechamos un poco de atención local en calidad de representantes de lo que el periodicucho local llamaba «rock de dormitorio», y hacíamos «bolos» de manera exclusiva —lo habéis adivinado— en los dormitorios de la gente, ante un público irrisorio e indiferente que murmuraba mientras tocábamos y fingía entusiasmo cuando terminábamos.

A veces Mat y yo componíamos en su casa. Pese a su impronta de clase media, sus orígenes no eran de mucho mayor categoría que los míos. Él y su hermano Richard habían sido criados por una madre soltera, maestra de profesión, en una casita que también parecía una caja de zapatos en una zona igualmente deprimente de Haywards Heath. Pese a que su familia estaba mucho mejor educada que la mía, seguía atrapada en el mismo género de lóbregos escalones inferiores del sistema de clases británico: alubias con tomate para cenar y el rancio aire viciado de las estufas de queroseno. Richard era un poco más joven y, aunque ahora sea siempre impecablemente encantador, yo lo recuerdo como un cómico cascarrabias. Una tarde, estábamos sentados en la habitación de Mat escuchando *Forever Changes* cuando Richard irrumpió de pronto gritando: «¡Los sesenta fueron una porquería y Love son una porquería!», antes de volver a salir en tromba envuelto en una nube de insolente arrogancia adolescente.

El grupo siguió avanzando a trompicones durante algún tiempo, aunque sin conseguir que nos contrataran para algún bolo como Dios manda, y en cuanto se nos pasó el entusiasmo adrenalínico inicial, empezó a instalarse entre nosotros una inercia inevitable. Creo que es posible que Gareth «se fuera de viaje» o algo por el estilo, y cuando empezó a acercarse el momento de ir a la universidad, nuestro interés por el grupo se desvaneció, sus miembros acabamos a la deriva en distintas ciudades, con nuestras canciones ya olvidadas y el nombre reducido a poco más que una entretenida nota a pie de página.

5

Creo que para mis padres la enseñanza superior venía a ser algo así como un universo lejano, desconocido y un tanto imponente, en el que solo osa aventurarse la progenie de los privilegiados. Habían llenado mi vida con un rico tapiz de arte, música, libros y belleza, pero quitando unas cuantas charlas con mi hermana, me vi forzado a navegar por los canales formales de la educación solo y sin tutores. Tampoco el instituto me proporcionó demasiados consejos eficaces en materia de orientación profesional, así que me vi estudiando materias que me aburrían y acabé con unas cualificaciones que parecían irrelevantes. Cuando llegó el momento de solicitar el ingreso en la universidad, el único curso vagamente orientado hacia las bellas artes que podía estudiar con un bachillerato en ciencia y mates era algo llamado Planificación del Territorio Urbano y Rural, para lo cual me admitieron en Manchester. Echando la vista atrás, mi elección de ciudad se vio muy influenciada por la música que escuchaba. Me había enamorado del fibroso surrealismo de The Fall —discos como *This Nation's Saving Grace* y *The Wonderful and Frightening World* se habían vuelto poco menos que sagrados para mí— y había desgastado completamente la aguja poniendo el *Unknown Pleasures* de Joy Division. La colosal sombra de la influencia de los Smiths no paraba de crecer; ocupaban un lugar único en el mundo del pop: eran al mismo tiempo un grupo de culto e inequívocamente marginales, pero tenían la suficiente envergadura como para realizar excitantes incursioncillas en el *mainstream*, por lo que ser fan de ellos hacía que uno se sintiera tan transgresor como haber sido fan de los Sex Pistols años antes. Me rondaban la cabeza desde que una noche solitaria estaba escuchando a Peel en Radio 1 a altas horas y oí salir por el minúsculo altavoz de mi transistor el insistente fraseo guitarrero de Johnny Marr y la promesa saturnina de Morrissey de interponerse de un salto en la trayectoria de una bala, y ya no hizo falta más. La suya era una química verdaderamente especial, singular pero a la vez familiar, una danza perfectamente equilibrada entre una arrogancia tintineante y un humor más negro que la boca de un lobo que me fascinó durante años. Aquellos elocuentes himnos a la confusión y complejidad de la existencia tocaron la fibra de mi yo adolescente, y noté cómo su reclamo me atraía cada vez más mientras pateaba fatigosamente por las asfaltadas calles invernales de Manchester. Mi elección de ciudad había sido una decisión muy idealista. Tenía una visión muy romantizada de lo que sería vivir allí; me imaginaba una especie de rudo crisol de creatividad bohemia, en el que conocería a un grupo de músicos que pensaran como yo, cuando en realidad la vida en el seno de la comunidad estudiantil me produjo una sensación desangelada y de desconexión, y me costó conocer a alguien por quien sintiera alguna afinidad. Me encantaba el carácter duro y postindustrial de aquella ciudad, pero pronto empezó a hacérseme cuesta arriba vivir allí, y terminé cansándome de las pandillas de bromistas sobreexcitados vestidos con togas que vagaban por los pasillos de Own's Park, la inmensa e imponente residencia construida en los años sesenta en la que acabé, incapaz de hacer acopio del entusiasmo y de la voluntad necesarios para sumarme a sus juegos estridentes y regados con abundante alcohol. Uno de los pocos remansos de luz dentro de aquella melancolía era un congénere urbanista llamado David McGuire, con el que hice buenas migas. Era un pelirrojo astuto, amigable y gigantón procedente de Darlington —al que por alguna razón todo el mundo llamaba «Wilf»— que tenía los mismos gustos musicales que yo y un sesgo igualmente amargo. Solíamos comprar botellas de un vino fortificado llamado Night Train Express y caminar fatigosamente por Oxford Road hasta la sede del sindicato estudiantil para asistir a conciertos baratos y ver a grupos como The Weather Prophets, The Bodines y todas esas bandas C86 que colmaron el panorama posterior a la separación de los Smiths; nosotros nos quedábamos en la barra con nuestros Levi's 501 remangados de segunda mano tratando de aparentar despreocupación y hermetismo mientras los grupos aporreaban su instrumental en el escenario.

Aquellos eran los tiempos en los que si procedías de una familia «necesitada» podías solicitar una beca completa, así que, además de las tasas, también me pagaban el alojamiento y unos irrisorios gastos de manutención. Lo cierto es que aún no había adquirido unos gustos prohibitivos, así que los fines de semana me limitaba a comprar un pan de molde y tomar Marmite con tostadas para desayunar, comer y cenar, deglutiendo a la vez que escuchaba embelesado *The Hounds of Love* o *The Queen Is Dead* en el mismo tocadiscos Boots Audio cutre que me había traído de Haywards Heath, mientras, dieciocho plantas más abajo, la lluvia de los Peninos azotaba el pavimento. Otros fines de semana recogía del comedor mi desayuno vegetariano para llevar metido en una bolsa de papel de estraza y salía zumbando para la estación de autobuses de Chorlton Street. Me sentaba en un autocar de la National Express y me comía un huevo duro por la M1 de camino a Victoria, desde donde cogía el tren de vuelta a Sussex para visitar a Alex Goldman, la inevitable novia del pueblo con la que mantenía una relación tensa, en quiebra y a distancia. Nos habíamos conocido en el instituto; me había embrujado con su peinado rizado y lacado y sus evidentes armas de mujer, y llevábamos algún tiempo atrapados en el habitual pacto adolescente de lujuria y recriminación. Por aquel entonces ella vivía con sus afectuosos y amables padres en un cómodo adosado de Burgess Hill. Estaba hospedado allí la famosa noche de la gran tormenta de 1987, cuando un roble se vino abajo y cayó sobre la casa, partiendo la viga central, y se detuvo a un par de metros de mi cabeza. Según me dicen, si la puerta de la habitación en la que estaba alojado no hubiera estado cerrada, proporcionando así algo de soporte extra, el árbol habría atravesado el dintel y me habría chafado el cráneo como una cáscara de huevo. Lo único que recuerdo es que un sonido infernal y chirriante me despertó salvajemente del sueño, que estiré los brazos y toqué hojas de roble húmedas y corteza justo encima de mi cabeza, y que salí a rastras, impelido por el miedo y el instinto, entre los cristales rotos, acompañado por el resplandor de las linternas y por gritos de pánico y confusión. Por lo visto, insistí en encontrar primero mis calcetines. En fin, siempre hay que ir vestido debidamente.

Mientras estaba a punto de morir a manos de árboles o me las apañaba en Rusholme fingiendo que interpretaba un papel en una obra de John Osborne, en Haywards Heath mi madre había estado aguardando pacientemente el momento de dejar a mi padre. Como muchas personas de su generación, mis padres se habían casado siendo demasiado jóvenes. Seguían siendo esencialmente unos niños cuando se comprometieron a comienzos de la década de los sesenta, y después de que se hubieran desvanecido el romance y la emoción del deseo y la neblina desorientadora de la crianza de los hijos se hubiera disipado, se encontraron escuetamente frente a frente, ante la cruda realidad y a la inmisericorde luz del día: dos personas que, pese a algunas experiencias compartidas, en realidad tenían muy poco en común y que, inevitablemente, en el transcurso de los años, habían iniciado la lenta, fría y solitaria deriva hacia el distanciamiento. Creo que mi padre había cometido el viejo y fatal error de infravalorarla, y desde luego el lenguaje que había empleado con ella durante años había terminado derivando hacia los apodos irrespetuosos y poco halagüeños y las bromas privadas, lo que reemplazó cualquier ternura o amabilidad anterior y delataba el embotamiento de sus sentimientos hacia ella. Sus veinticinco años juntos habían seguido el conocido itinerario que va de la pasión a la indiferencia, con todos los puntos intermedios, y se habían transformado lentamente en una guerra de desgaste lúgubre y agotadora. Quizás se habían querido en cierto momento, pero no estoy seguro de que realmente se hubieran gustado alguna vez, y cuando la pasión se disipa, donde no existe cariño ni respeto a veces es poco más lo que puede mantener unida a una pareja. Mi madre había soportado abnegadamente los estados de ánimo cada vez más negros de mi padre, sus incisivos apartes y sus desoladoras frustraciones de la manera habitual en aquellos tiempos: «por el bien de los niños». Admiro su acerado estoicismo, pero debió de ser muy infeliz durante muchísimos años. Sin embargo, mi padre quedó plena y totalmente destruido, pues no tenía ni la menor sospecha de que algo fuera mal; su frágil universo quedó hecho añicos el día en que volvió de la parada de taxis y se encontró con que mi madre se había llevado sus cosas y le había dejado una breve y escueta carta encima de la repisa de la chimenea. Él había edificado a su alrededor un muro de fantasía, en el núcleo del cual estaba el mito de que su esposa era feliz y de que su matrimonio aún funcionaba. La falta de amabilidad con la que la trataba regularmente debía de ser ajena a aquella ficción, así que optó por hacer como si no existiera. Incluso años después de que ella lo hubiera dejado, se complacía en negar la realidad, diciéndome que la gente comentaba con frecuencia que «siempre andaban cogidos de la mano» o algo igualmente empalagoso. Su exasperante arrogancia me hacía recordar con frecuencia los célebres elefantes inverosímiles de Dalí, dotados de aquellas patas increíblemente larguiruchas; la frágil estructura de su realidad particular siempre estaba a punto de ceder bajo el peso de su impresionante autoengaño. Pero detrás de todo ello, por supuesto, se ocultaba un hombre pequeño y asustado, y a medida que su vida fue desmoronándose, a mí me abrumaron la tristeza y el deseo de ayudar. Decidí abandonar Manchester, sobre todo para pasar tiempo con él y ayudarle a recomponerse, pero también, desde luego, porque la vida estudiantil allí me aburría. Regresé a mi apretujado dormitorio de Haywards Heath, le preparaba la cena a mi padre y escuchaba a través de las paredes cuando vagaba por su minúsculo reino quebrantado y lloraba hasta quedarse dormido. Hubo interminables semanas estancadas salpicadas de episodios tensos y airados que se disolvían en charcos de autocompasión, cenas precocinadas y horas taciturnas caminando fatigosamente por la reserva natural o sentados escuchando a Chopin, pero poco a poco comenzó a ser capaz de afrontar el día a día y yo pensé que había llegado el momento de seguir adelante.

Mat estaba estudiando en la London School of Economics y viviendo en un piso situado en un magnífico edificio residencial en Ridgmount Gardens, justo al lado de la estación de Goodge Street. Había una cama extra, así que utilicé el dinero que había reunido haciendo trabajos temporales en aburridas oficinas de Haywards Heath para mudarme allí durante unas semanas mientras decidía qué hacer con mi vida. En realidad era una piso de un solo dormitorio, pero estábamos seis: tres chicas en el dormitorio, y Mat, su amigo Ade y yo en el cuarto de estar, en camas individuales separadas y estrechas. Durante el día vagaba por la capital comiendo kebabs de ensalada, y me pasaba horas sentado en la línea Circular o mirando los escaparates del laberinto de tiendas de electrónica que había en Tottenham Court Road, y por las noches nos sumíamos en divagaciones de fumados, escuchábamos música y cascábamos y nos reíamos hasta altas horas de la noche. Se convirtió en una especie de ritual que los chicos nos quedáramos dormidos escuchando «Rent», de Pet Shop Boys, un hermoso e ingenioso poema sobre la vida urbana de los años ochenta que sigo adorando y que siempre me recuerda aquellos maravillosos primeros días en los que comencé a enamorarme de Londres.

Durante todo este período había seguido componiendo canciones; mientras estaba en Manchester las había grabado en mi primitivo Fostex de cuatro pistas, y le había enviado casetes a Mat a Londres. Solíamos jugar a un descacharrante juego en el que yo hacía de «artista» y él adoptaba el papel de «periodista», y luego me remitía críticas detalladas presentadas como reseñas del *NME* acompañadas de puntuaciones que iban del cero al diez. Todavía conservo una de ellas, y el tono cariñoso e inmaduro de la carta que la acompaña siempre hace que me sienta nostálgico de una época en que todavía éramos jóvenes, cuando nuestra relación aún no se había visto influenciada por las interminables horas muertas pasadas en aeropuertos y camerinos, ni por las tensiones profesionales, el dinero y la carrera en pos del éxito. Él siempre fue positivo hasta pecar de falta de realismo. Lo cierto es que las canciones, que tenían títulos como «Empty House» y «Somewhere Along the Way», que yo esperaba que sonasen un poco a Felt o The Loft, eran flojas y desentonadas, pero él las acogía, con espíritu amistoso, como si se tratara de pequeñas obras maestras, y a mi manera automitificadora, me hacía feliz creerle (casi). No estoy seguro de que ninguno de los dos supiera a dónde creíamos que iba a conducirnos aquello.

Comencé a vagar, y me hospedé con gente diferente en distintas partes del país. Mi viejo amigo Alan estaba viviendo con su hermana en Mitcham, en el sur de Londres. Tenían espacio en el sofá, así que acabé quedándome ahí una temporada, y sobrevivía a base de baguetes y hummus procedentes del vecino supermercado Safeway. Aquella fue la era de Terence Trent D'Arby y de Bros, y como Alan tenía un hermano gemelo y los dos eran rubios y guapos, habían tenido la imprudencia de imitar ese espantoso estilo de los ochenta, cosa de la que yo me burlaba salvajemente. Siempre recordaré que Alan tenía una caja de zapatos llena de fotografías de su vida, la mayoría de las cuales, estrambóticamente, parecían consistir en fotos de sus exnovias desnudas y llorando. Jamás logré sonsacarle cómo había conseguido orquestar de manera regular situaciones que parecían conjugar al mismo tiempo elementos de sexualidad, voyerismo y aflicción. Siempre he pesando que si Alan hubiera tenido un poco más de inclinación hacia alguna forma artistoide de intelectualismo, aquellas fotos habrían constituido la base de una exposición fascinante. Cuando Alan no estaba trabajando, solíamos coger el metro hasta Hampstead y frecuentábamos a una pandilla de chaperos a los que habíamos conocido por medio de su hermano. Por alguna razón, los llamábamos Los Bollitos de Hampstead, y vivían, como si fueran una pequeña familia, en una vivienda de protección oficial de aspecto lúgubre, bien lejos del pintoresco y bonito pueblo georgiano. La mayoría de ellos se habían fugado de casa desde lugares como la Gales rural, y para complementar los ingresos de sus cheques del paro hacían incursiones menores en el tráfico de drogas y nos vendían tripis baratos. Eran una banda graciosísima y estimulante, extravagantes, divertidos y absolutamente inclusivos. Pasamos varias tardes desfilando por ahí con ellos en estados alterados por las calles lujosas y pudientes, riéndonos incontrolablemente, haciendo piruetas encima de los cubos de basura y dando vueltas alrededor de las farolas como unos Gene Kelly zarrapastrosos mientras las mamás adineradas nos contemplaban con expresiones de incredulidad.

Volví a Manchester durante un tiempo y me instalé con Emily, a la que había conocido en la universidad y que era de Middlesbrough. Era una chica segura de sí misma, afectuosa y divertida a la que le encantaba la música; estudiaba Química y vivía en un piso de Daisybank Road, en Longsight. Me quedé con ella y con su compañera de piso, y preparaba el té y me entrometía y escuchaba a Ian Dury y a Kate Bush, y también escribí una canción acerca de ella que se llamaba «Just a Girl». De todas mis canciones publicadas, esa es la más antigua, y anduvo por ahí tirada durante años hasta que un día me vi forzado a rebuscar en los cajones para encontrar una cara B y me acordé de ella. Seamos sinceros: es un plagio terrible de un viejo tema country que solían poner mis padres, pero denotaba cierta comprensión del arte de narrar y de hacer melodías, y en la actualidad sigue conmoviéndome de una manera sencilla y seguramente nostálgica. La frase acerca de los «ojos de cenicero y corbatas de cordón» era una alusión a la canción de Ian Dury «Sweet Gene Vincent», tema que solíamos poner hasta desgastar los surcos del disco, y la escena que pinta acerca de dos personas jóvenes vacilando ante los comienzos del amor contra el trasfondo de un invierno negro como el carbón en una ciudad desconocida sigue despertando algo en mi interior y devolviéndome a un rincón dulce y olvidado de mi juventud.

Buscando empleo un día en la oficina del paro local, entre el mar de ofertas de trabajo en servicios telefónicos de atención al cliente y puestos apenas disimulados de trabajadoras sexuales, vi que anunciaban un empleo de

DJ en un club nocturno local. Era un sitio llamado Cyprus Tavern, un bar de suelo pringoso montado en una bodega subterránea de Princess Street, que en aquel momento era la sede de manadas aterradoras de hinchas y hordas de jóvenes solteros y pendencieros que buscaban problemas intencionadamente. Olía a humo rancio, a lejía y a cerveza derramada, y era la clase de local en el que nadie tenía previsto dar por finalizada la velada. Fingí tener experiencia, y un sábado por la noche me tiraron al fondo de la piscina armado con una bolsa de discos de Freda Payne y Roxy Music. Los porteros me dijeron que si veía una pelea en la pista de baile tenía que interrumpir la música como señal para que ellos vinieran y pusieran fin a la trifulca. Mi inexperiencia e ineptitud dieron como resultado que mi «sesión» estuviera siempre llena de interrupciones, pues manejaba el equipo de una manera tan inexperta como frenética. Al oír los silencios y tomarlos por la señal convenida, los porteros acudían corriendo a la pista de baile y echaban miradas de un lado a otro en busca de los alborotadores fantasma mientras la exigua multitud suspiraba y murmuraba. Poco a poco fui volviéndome más competente y adquiriendo más confianza en mí mismo, y comencé a sustituir arrogantemente los discos de Phyllis Nelson por cosas menos convencionales, para gran disgusto de una parte de la clientela. Una noche, tras hacer caso omiso de la petición de poner algún disco de reggae, una pandilla de chavales ofendidos me siguió a casa y me persiguió por Plymouth Grove, lo que me obligó a salir corriendo a toda velocidad hacia un recinto escolar cercano mientras ellos daban vueltas por ahí sedientos de venganza y aullando beodamente. Los veinte minutos a lo *Slumdog Millionaire* que pasé en el interior de un contenedor lleno de pieles de plátano y yogures vacíos seguramente me ahorraron una semana de hospital, y años después la experiencia conformaría la letra de «Killing of a Flash Boy[24]», tema inspirado por la violencia pueblerina aleatoria que veía en todas las calles de la ciudad, las amenazas de salvaje matonismo y las aterradoras escapadas por un pelo como aquella e innumerables otras. El homónimo *flash boy* no era otro que yo mismo, presa eterna y aciago despojo, con el pelo arreglado y engominado, marcado, convertido en blanco y «buscándomelo».

A medida que el año fue esfumándose y llegó de nuevo el mes de septiembre, me despedí amistosamente de Manchester, una ciudad dura y hermosa llena de gente orgullosa a la que sigo teniendo muchísimo cariño, aunque lo cierto es que nunca me sentí del todo a gusto en sus calles húmedas y azotadas por el viento, y me dejé llevar de nuevo por el brillo y el bullicio de Londres.

24. «Muerte de un chico sofisticado». [*N. del T.*]

6

El tiempo que había pasado moviéndome por Bloomsbury había reavivado mi amor por la capital. Todo había empezado muchos años antes, durante mi infancia, cuando algún fin de semana o en las vacaciones escolares mi familia solía montarse en el tren que llevaba a la estación de Victoria y desde ahí cogíamos la línea Circular hasta South Kensington con el objetivo de «visitar los museos». El traqueteo y las vibraciones de las estaciones de metro, así como aquel peculiar olor polvoriento y a diesel, siguen produciéndome leves escalofríos, y cuando de niño me sentía atrapado en la jaula de mi deprimente pueblo, con frecuencia me iba caminando a la estación de ferrocarril de Haywards Heath para colocarme en el andén y quedarme mirando melancólicamente en dirección norte, hacia las vías, intentando vislumbrar algo del lustre y la promesa situados más allá. Las dimensiones de Londres tienen algo que me conforta: la sensación de anonimato, la riqueza, el poder, la posibilidad. Todo el amor y la ponzoña[25], desde luego.

25. Alusión al VHS del concierto de Suede *Love and Poison*. [*N. del T.*]

Me admitieron en un curso de Planificación Urbanística en la University College London (UCL), y me mudé con Mat y una heterogénea colección de otros estudiantes a una gran casa victoriana en estado ruinoso que estaba en Wilberforce Road, en Finsbury Park. Con el fin de reducir el coste del alquiler al mínimo, toda la casa estaba atestada de camas, de manera que el único espacio comunal era la cocina mohosa y laminada con madera de fibra donde nos reuníamos y nos quedábamos charlando y comiendo tostadas. Esta daba a un jardincito descuidado y lleno de malas hierbas en el que nadie se internaba jamás, ni siquiera en verano. Básicamente, era un vertedero lleno de neveras viejas y botes de pintura reseca, además de un montón de muebles rotos. La única fuente de calor de la casa procedía de esas viejas y ruidosas estufas de la marca Calor Gas que funcionaban con pesadas bombonas naranjas que teníamos que subir y bajar por las escaleras. Su acogedor olor a gas aún me recuerda aquellos tiempos. Mi habitación, la de Mat y la de Ade estaban en la parte de arriba de la casa, de modo que en la práctica nosotros vivíamos en nuestro pequeño enclave separado, ajenos a las demás subtribus que las fuerzas de la geopolítica doméstica inevitablemente habían hecho surgir. Debajo de nosotros, en el dormitorio principal, estaban una especie de macho alfa gótico llamado Colin y su secuaz Dan, que también estudiaban en la London School of Economics, pero que en realidad no se molestaban en subir las escaleras muy a menudo, así que Mat, Ade y yo solíamos pasar las noches juntos, sumidos en la misma neblina aturdida y risueña de hachís, charla y música que habíamos disfrutado en Ridgmount Gardens. Recuerdo que nos sentábamos en las camas con los abrigos puestos, acurrucados en torno a la estufa, fumando y abriendo pistachos con los dientes a la vez que escuchábamos discos como el «Space Blues» de Felt o el «Solid State Soul» de Raymonde, mientras la alfombra de cáscaras iba desperdigándose y cubriendo el linóleo.

Cualquier persona que conozca Londres comprenderá que vivir en Finsbury Park es muy diferente de vivir en Fitzrovia, pero a mí me encantaban sus calles zarrapastrosas, los puestos de kebabs y las tiendas llenas de plástico barato precursoras de los «Todo a 100». Siempre me han resultado estimulantes los márgenes de la ciudad, y he intentado buscar historias y anécdotas en el bullicio y el esplendor de la cotidianidad. Vagabundeaba por ahí, sumido en mi ridícula fantasía, ingresando todas esas imágenes en el banco cada vez más grande de ideas para canciones que guardaba en mis cuadernos, garabateando frases que escuchaba en el metro o copiando los grafitis que me encontraba en los cubículos de los retretes. Canciones como «She», «This Time», «By the Sea», «My Insatiable One» y «Sound of the Streets» y una infinidad de otros temas que mencionan «lugares de ninguna parte» y puntos olvidados del interior del país, cajeros automáticos y escaleras mecánicas nacieron de aquellas excursiones, a medida que iba ensamblando poco a poco una especie de collage impresionista a partir de los desechos y detritus que poblaban las calles de la capital; un léxico arrancado al cochino pulso de la ciudad.

Como otra forma de explorar Londres, a veces Mat y yo jugábamos a algo que habíamos inventado y que llamábamos El Juego de los Dados. Muy influidos por el libro de Luke Rhinehart[26], acudíamos a una estación de metro

26. *El hombre de los dados* (1971). [*N. del T.*]

y lanzábamos los dados para escoger una línea, y luego los tirábamos otra vez para elegir el número de paradas y tomar el tren que hubiera determinado el azar. En la estación designada, nos bajábamos y comprábamos algo relevante: una miniatura del Big Ben en Westminster, una taza del West Ham en Upton Park, etc., etc. Por supuesto, en realidad esto significaba que solíamos volver a casa cargados con un montón de ejemplares de periódicos de barrio de sitios como Neasden o Perivale, ya que en la mayoría de aquellos sitios no había monumentos ni estadios portadores de su nombre, aunque en realidad el objetivo del juego era que no tenía ningún otro más allá de la aventura en sí. A mí, nombres como Dollis Hill, Seven Sisters y Hounslow siempre me habían parecido evocadores, interesantes y pintorescamente exóticos, y me preguntaba por qué en el mundo de la música el romanticismo de los nombres parecía estar reservado exclusivamente para destinos como Wichita y Chattanooga. En cuanto asimilé mínimamente la habilidad para pintar detalles, ubicaba las canciones en zonas muy concretas de Londres, y pese a que no siempre utilizara el nombre del lugar en la propia letra, esa técnica me ayudaba a imprimirle vida a la canción y, con un poco de suerte, transmitirle al oyente esa sensación. «Asphalt World» era un complejo relato acerca de unos celos triples que transcurría concretamente en Highgate y en un sinfín de trayectos de taxi yendo y viniendo por Archway Road. «By the Sea» era la historia de una huida de Seven Sisters por las regiones más tenebrosas de la línea Victoria, y Sadie, la *flâneuse* ficticia de «She» y «Sound of the Streets», deambulaba por los soleados pavimentos de North Kensington, desgastándose los zapatos en Chesterton Road y Ladbroke Grove. El recurso a tales minucias compositivas sería algo acerca de lo cual reflexionaría a menudo a lo largo de los años, en concreto sobre el modo en que, utilizadas correctamente, podían ubicar la narración con muchísimo esmero e infundirle vida a las palabras. Empecé a rehuir el cliché de escribir sobre experiencias universales a medida que intentaba hacer exactamente lo contrario, convencido de que las resonancias más potentes se conseguían concentrándose en lo microscópico en lugar de lo macroscópico. Quería documentar el mundo que veía a mi alrededor, real, incómodo y en primer plano: la bolsa de plástico azul enganchada en las ramas de un árbol, el estrépito y el ruido sordo de una escalera mecánica; Londres en todos sus maravillosos y mierdosos detalles.

Llegué a la UCL en 1987, y estudiaba en el Bartlett School of Architecture and Planning, en Gower Street. Supongo que, para ser sincero, como muchos chavales de esa edad, en realidad seguía a la deriva, y desde luego, el curso, más allá de lo útil que resultaba para retrasar la vida, me interesaba poco. Los urbanistas éramos tan pocos que nos metieron en la misma clase que los arquitectos. Una de estas últimas empezó a llamarme la atención. Tenía una belleza casi de Oriente Medio o mediterránea, con una larga y oscura melena sin lavar y un flequillo muy severo. Siempre llevaba ropa zarrapastrosa, como camisetas vintage desteñidas del ratón Mickey o grandes botas grumosas de motera, pero, de alguna manera, estas solo lograban darle un aspecto más elegante y pudiente. En Gower Street había un café de estudiantes que se llamaba The Crypt o algo así, y un día estaba sentado con mi taza de té cuando ella se acercó y se puso a hablar conmigo. Lo primero en lo que me fijé, así de cerca, era que tenía los dientes marrones y decolorados y que padecía lo que en un primer momento tomé por un trastorno del lenguaje. A pesar de su pronunciación lenta, nerviosa y ceceante, logré discernir que se llamaba Justine. Justine Frischmann. A la semana siguiente hicimos una excursión al Wealds and Downland Open Air Museum[27], cerca de Chichester, y ella me preparó unos emparedados para que me los comiera en el autobús. Fue un gesto muy sencillo y conmovedor, y también el inicio de unos de los dos grandes amores de mi vida. Empezamos a andar juntos por ahí, aunque no sé muy bien lo que ella vería en un tipo flacucho, torpe y provinciano como yo. Mi ingenuo encanto pueblerino debió de resultarle novedoso. Ella, sin embargo, era tan sofisticada y cosmopolita que me sorprende que aquello nunca me resultara desmoralizante. Para mí, ella rezumaba Londres de algún modo —su riqueza, su poder y desde luego sus posibilidades—, pero la confianza que tenía en sí misma nunca dio paso a la arrogancia, porque estaba dotada de una especie de encanto torpe y desastrado que seducía a todo aquel que llegaba a conocerla. Era la clase de persona en cuya presencia todo el mundo se sentía especial; era completamente consciente de sus evidentes atractivos, pero al mismo tiempo se mostraba curiosamente indiferente a ellos. Tenía un enorme poderío, y creo que lo sabía. El motivo por el que su voz me había sonado rara al principio era que en realidad nunca me había topado con anterioridad con un acento que fuera el producto de una educación costosa. Su padre era un ingeniero de gran éxito y ella había sido criada entre una profusión de lujos y privilegios

27. Museo de los *wealds* y *downlands* al Aire Libre. *Vid.* nota 7. [*N. del T.*]

que yo solo podía imaginar. A fin de pasar más tiempo bañándome en su gloria, me pasé a Arquitectura e iniciamos una relación amable, difusa y al principio bastante inocente, de esas que lucen la máscara de una amistad cariñosa pero que esconden una verdad secreta y carnal. El primer proyecto que nos asignaron fue diseñar una pérgola en Gordon Square. Solíamos deambular hasta allí desde el Bartlett y sentarnos en uno de los bancos del parque bajo la luz otoñal, donde yo escuchaba su suave y rítmica pronunciación a medida que la conversación tomaba impulso y luego se fragmentaba, e intentaba no quedarme mirándola fijamente demasiado rato. Con Justine nunca había límites de ninguna clase: siempre estaba fascinada y resultaba fascinante a su vez; era sabia pero humilde, intelectual pero no pretenciosa, turbia y considerada, pero al mismo tiempo era boba y alegre y maravillosamente juguetona. Tengo una foto de uno de esos días: la primera que nos hicieron juntos. En ella tenemos un aire deliberadamente melodramático y estudiado, pero los tonos sepia y alabastro de la piel captan de manera un tanto accidental una verdad idealizada de aquellos primeros y preciosos momentos. Me enseñó a extraer placer de la proximidad de cosas bellas o combinaciones sencillas de colores; me instruyó acerca del movimiento moderno y me enseñó a apreciar los espacios; además, me descubrió a una legión de artistas desconocidos, desde Ingres a Allen Jones, pero nunca me sermoneaba ni monologaba, y durante todo ese tiempo lucía una sonrisa levemente lasciva en lo que ella denominaba sus «labios de monstruo marino». Una noche, tras una velada en la universidad que se había alargado mucho, volvió conmigo a la casa de Wilberforce Road y nos quedamos ahí durante horas fumando, hablando y comiendo frutos secos junto a la estufa de gas, hasta que finalmente nos quedamos dormidos oyendo llover en el exterior. Por la mañana, cuando Mat se la encontró por primera vez, recuerdo que me sentía muy orgulloso de los dos, pues cada uno a su manera eran personas maravillosas a las que había llegado a querer muchísimo y que se habían conocido gracias a mí. Justine se convirtió poco menos que en residente de Wilberforce Road, y a menudo se apoyaba sobre la encimera de formica de la cocina con su vestido Joseph de lana gris cautivando a todo el mundo y comiéndose su kebab de ensalada mientras hablaba educadamente de Walter Gropius entre bocados. Una noche de diciembre, sin embargo, poco antes de las navidades de 1987, cuando la casa se había quedado poco menos que vacía de estudiantes por vacaciones, se presentó en el umbral y parloteamos y charlamos hasta la madrugada, negra como el carbón, y al despertarnos al día siguiente, nuestra relación había cambiado para siempre.

Justine vivía con sus dos gatos en un estudio de lujo que estaba en otro hermoso edificio residencial, esta vez en Hornton Street, en Kensington, justo enfrente del inmenso edificio consistorial de estilo brutalista. Empecé a quedarme a dormir allí de forma tan regular que casi parecía que me hubiera mudado, y solíamos trasladarnos de Kensington a Finsbury Park y viceversa con tanta frecuencia que hasta la ruta comenzó a ser sinónimo de Justine. Incluso años más tarde, cada vez que conduzco por Maida Vale y atravieso Abbey Road rumbo a St John's Wood, me acuerdo de la infinidad de horas que pasamos en su pequeño Renault de color hueso, fumando, escuchando cintas de casete en el estéreo y hablando de la letra de «Cygnet Committee». A medida que fui desnudando lentamente sus secretos, Londres se volvió infinitamente fascinante para mí. Un día me fijé en un grafiti que había en un muro de Marble Arch que a los dos nos empezó a encantar, y que simplemente decía *MODERN LIFE IS RUBBISH*[28] en escuetos caracteres blancos. Pasamos por delante de él una infinidad de veces y nunca dejó de fascinarnos; era audaz, impactante, y aparecía de forma completamente imprevista, contrastando con el gris desvaído de la ciudad. El piso de Justine estaba elegantemente decorado con cornisas, techos altos y repleto de signos de riqueza —espejos bañados en oro, muebles de calidad y una voluminosa televisión—, pero en el dormitorio, junto al futón, había un pequeño tocadiscos vintage Dansette y un montón de discos antiguos, la mayoría de *easy-listening*, como Stan Getz y Astrud Gilberto, o clásicos del folk-rock como Van Morrison y Joni Mitchell; nada muy exigente ni muy contemporáneo. Puede que Justine me instruyera a mí acerca del arte, pero fui yo quien la introdujo a ella en la clase de música que acabaría por definirla. Nunca había oído hablar de The Fall o de Happy Mondays antes de conocerme a mí, pero su curiosidad natural por lo extravagante y su sed de empaparse de cultura interesante y estrambótica la llevaron a enamorarse de todos y cada uno de aquellos desharrapados compases. La dinámica alumno/maestra se invirtió, y a mí me encantaba ponerle cosas como «Reel Around the Fountain» o «Primitive Painters» por primera vez y ver cómo sus ojos se desorbitaban a medida que le abrumaba la emoción del descubrimiento. En un acceso de arrogancia tomado en préstamo a mi padre, recuerdo haberle dicho que se olvidara de aque-

28. «La vida moderna es una basura». [*N. del T.*]

llos polvorientos vinilos de los setenta, porque a partir de ahora la única música que íbamos a escuchar era aquella.

Nos vimos inmersos en una cómoda rutina; desde Kensington a High Street, solíamos coger la línea Circular hasta Euston Square, y desde ahí deambulábamos hasta Gower Street para asistir a unas clases que yo empezaba a encontrar fascinantes. La arquitectura es una disciplina muy variada, así que en un momento dado aprendíamos acerca de Émile Durkheim o Jasper Johns o sobre la obra de Mies van der Rohe, y al siguiente estábamos en clases de dibujo con modelos vivos. Mis bocetos siempre fueron un poco cutres comparados con las creaciones de Justine, que tenía mucha más experiencia; la única formación que había tenido yo habían sido aquellas largas noches invernales en casa, antes de que tuviéramos televisión, en las que Blandine, mi madre y yo nos sentábamos a dibujar juntos, conmigo en el papel de torpe principiante al que siempre le costaba mantener el nivel de mi madre y de mi hermana, ambas excelentes artistas. Después de la universidad volvíamos a casa atravesando el frío londinense con toda la gente que volvía de trabajar o de compras, y fumábamos, comíamos bollos y nos quedábamos tirados en la bañera hablando durante horas o dábamos vueltas por el piso acariciando a los gatos y escuchando *Hatful of Hollow*. Justine seguramente sería la primera en negar que fuera una guitarrista consumada, pero sabía tocar un poco, y a veces nos sentábamos a rasguear juntos e improvisar versiones chapuceras de «Heart of Gold» o «Letter to Hermione» hasta que sonaba el portero automático y Mat subía por las escaleras a tomar té o jugar al ajedrez o fumar hasta que la conversación desembocaba en las inevitables divagaciones de madrugada. Eso sí, Justine era capaz de cantar un bonito contrapunto y a menudo tocábamos una de mis viejas canciones, «Just a Girl», mientras ella hacía una imitación aceptable de Joan Baez. Yo había escrito otra canción titulada «Justice», que tenía una enorme deuda con el «Oblivious» de Aztec Camera y otras excursiones acústicas similarmente alegres, que solíamos tocar mientras Mat iba haciendo retumbar su viejo bajo Fender Jazz. Poseía una melodía y un ritmo muy elementales, así como los inicios de algo que sonaba como una canción, así que decidimos grabar una maqueta como Dios manda, para lo cual reservamos una breve sesión en un estudio barato de Brighton. Evidentemente, aquella sencilla grabación vocal/acústica-guitarra eléctrica/bajo y caja de ritmos nos dio ánimos, así que nos bautizamos con el nombre de The Perfect y continuamos componiendo más gentiles meditaciones estilo The Lilac Time con títulos como «Somebody's Daughter» y «Vanity». Hasta hicimos una carátula para la maqueta —una foto sombría y misteriosa que Justine me había hecho en el piso—, que fotocopiamos y utilizamos para confeccionar singles caseros en casete con el nombre de nuestro grupo escrito con una fuente corriente, y se las incrustamos esperanzadamente en las manos a personas que pensábamos erróneamente que eran influyentes. Con escasas evaluaciones y a buen recaudo en el interior de nuestra burbuja, considerábamos nuestras creaciones como pequeñas obras maestras, pero lo cierto es que carecían de estilo, profundidad o perspicacia, e incluso de toda musicalidad real, y sus defectos desembocaron inevitablemente en una falta de garra. Sin el motor del ímpetu, pues, nuestras vagas ambiciones comenzaron a desvanecerse y a desmoronarse frente a la dura y cruda realidad.

A veces nos aventurábamos a salir fuera de nuestro confortable mundillo y probar con la punta del pie la temperatura del frenesí claustrofóbico de las zonas de marcha londinenses, ansiosos por saborear algo de la emoción y la promesa de la juventud. Los viernes solíamos acudir a un club gay llamado Heaven que estaba debajo de los lóbregos, fríos y húmedos arcos de Charing Cross Road, para departir con los encantadores chicos de ojos desorbitados, abandonarnos al pulso y a la adrenalina del ritmo, el palpitar de las vibraciones y el dulce hormigueo del abandono. En otras ocasiones cogíamos el coche para asistir a un club jipi itinerante llamado Whirlygig, que a veces tenía su sede en el edificio consistorial de Shoreditch, famoso por el paracaídas que dejaban caer sobre la multitud al final de la noche, los grupos de fumetas acurrucados y las pandillitas de niños jipis que habían sido llevados a rastras y obligados a permanecer levantados mucho más allá de su hora de acostarse. Solíamos juntarnos con aquella gente, fumar y bailar un poco, pero siempre nos sentimos como observadores, como si aquel nunca hubiera sido nuestro mundo y meramente estuviéramos cumpliendo con nuestro deber juvenil de hacer la clase de cosas que pensábamos que hacía la gente joven.

Un día fui convocado a las oficinas administrativas de la universidad, donde me pidieron que me sentara y telefoneara a mi madre. Desde que había logrado escapar de mi padre, se había mudado a un pueblecito del Distrito de los Lagos llamado Langwathby. Yo había hecho la impresionante travesía de la línea de Carlisle a Settle un par de veces, y había estado con ella y su nuevo novio en su cabaña de granjero de las colinas de Cumbria, donde habíamos comido patatas asadas y salido a dar paseos, y la había visto dibujar mientras escuchaba la radio, y me alegraba de que al parecer hubiera encontrado la tranquila vida rural que creo que siempre había añorado. El número que me habían proporcionado era el de una sala del hospital de Penrith. Confundido, marqué el número y me dijeron que esperara, hasta que por fin le pasaron el auricular a mi madre y me contó, por una línea telefónica completamente distorsionada, que le habían diagnosticado un cáncer terminal. Cuesta explicarle a cualquiera que aún no haya experimentado esa clase de noticia sísmica la sensación tan traumática y visceral que se tiene cuando los cimientos de tu mundo se vienen abajo y empiezan a dar vueltas, la impresión de absoluta incredulidad y las oleadas de rabia e impotencia que la suceden. Aturdido, desconcertado y negándome a creerlo, exigí hablar con la enfermera, que confirmó sin rodeos la triste noticia de que a mi madre le quedaban menos de seis meses de vida.

Al día siguiente, Justine y yo cogimos el tren hasta el Distrito de los Lagos y estuvimos en la cabaña de mamá con Blandine sin hacer nada durante unos días, repasando una y otra vez el mismo escenario en un intento de encontrar una respuesta diferente, pero topándonos siempre con la misma. Aquello solo iba a terminar de una manera.

El shock inicial comenzó a disiparse, y retomamos nuestras vidas en Londres allí donde las habíamos dejado, a la vez que nos organizamos para que mi madre pudiera venir a visitarnos, pues en ese momento estaba inexplicablemente contenta. Para cuando llegó, sin embargo, su aspecto era estremecedor: se encontraba desoladoramente demacrada y esquelética, y había quedado devastada por la quimioterapia. Era obvio que estaba muy mal. Incluso hacia el final, su estoicismo, después de haber recorrido centenares de kilómetros y haberse abierto paso entre el bullicio londinense, resultaba desgarrador; una mujer menos enérgica se habría quedado tirada en la cama. La alimentamos e hicimos que se sintiera tan cómoda como fuera posible, y le mostré un poco mi vida, pero, haciendo caso omiso del tema tabú, sobre todo nos sentábamos con ella a tomar té y a charlar, y yo intentaba mostrarle de algún modo que el niño tímido y soñador por el que siempre había estado un tanto preocupada quizás pudiera llegar a apañárselas sin ella. Como cualquier hijo, había amado a mi madre con un amor ciego y primitivo, y ella, como cualquier madre, había cumplido años de vasallaje atendiendo mis necesidades: una vida entera alimentándome, remendándome, consolándome y cuidándome abnegadamente, y que estaba a punto de concluir. El último momento en que se cruzaron nuestras miradas fue cuando se estaba subiendo a un taxi en Hornton Street, y en su rostro cetrino y otrora hermoso vi cómo me sonreía por última vez.

7

La muerte de mi madre estuvo a punto de destruirme. Fui incapaz de levantarme de la cama durante días enteros, y me limitaba a ir y volver del cuarto de baño arrastrando los pies cada pocas horas, con las persianas bajadas y el suave olvido del edredón aguardándome. No comía, no me lavaba, y me salió un herpes: un feo anillo de manchas iracundas en torno al abdomen. La verdad es que no recuerdo gran cosa. Sé que estaba en el piso de Justine, y supongo que ella debió de continuar, de manera considerada, con la vida a mi alrededor, pero lo cierto es que no recuerdo nada, más allá de estar ahí tendido, aplastado e inmóvil, sobre sus sábanas de color púrpura mientras el tráfico pasaba zumbando en el exterior y el mundo seguía en movimiento. Me cuesta escribir estas palabras y sé que alguna gente lo verá con malos ojos, pero no fui al funeral: sencillamente estaba demasiado hundido. No veía cómo una ceremonia árida, formal y semirreligiosa podía empezar siquiera a representar a mi madre, y me parecía mejor mantener vivo su recuerdo de formas menos tangibles pero más reales. Creo que pensé que, siendo su hijo, no tenía por qué notificarle formalmente al mundo mi dolor, que era asunto mío y de nadie más: un contrato privado entre ella y yo. En la actualidad me arrepiento enormemente de aquello, y sigo buscando alguna clase de cierre que compense mi ausencia. Años después de su muerte, intenté organizar una especie de excursión para señalar informalmente el punto del monte Caburn, en Sussex, en el que fueron desperdigadas sus cenizas, pero lo más que me he aproximado a reconocerlo públicamente ha sido bajo la forma de la letra de la canción «The Next Life». Es curioso, pero incluso en el momento de componerla no tenía claro que fuera sobre mi madre, aunque las canciones son misteriosas, y a veces se mueven y cambian y se revelan de distintas maneras, incluso a quien las ha compuesto. Muchas veces he descubierto que cuando escribo sobre una emoción —la pérdida, por ejemplo— soy incapaz de hacerlo acerca de una sola situación, porque en mi cabeza se agolpan experiencias paralelas y personas diferentes, y llegan a constituir una especie de amalgama. De ahí que siempre me hayan parecido un poco simplistas los debates sobre «de qué va» una canción, ya que para mí el tema de una misma canción a menudo está inspirado por cosas distintas. Desde muchos puntos de vista, tengo una forma de escribir muy intuitiva y en ocasiones casi subconsciente, como si no tuviera realmente ningún control sobre mí mismo. Intento dejar que mi pluma cumpla con la tarea antes de que mi cerebro se entrometa demasiado, y a menudo solo soy capaz de atribuirle algún significado años más tarde. Me gusta este enfoque, porque le transmite vida a la canción. De la misma manera que las letras oblicuas pueden ser las más potentes, a veces me aburre saber sobre qué versan mis canciones, y parte de la emoción consiste en desentrañarlo por mi cuenta. Y así sucedió con la letra de «The Next Life», que escribí como una reflexión general sobre la pérdida, pero que años más tarde me di cuenta de que versaba de manera abrumadoramente obvia sobre mi madre.

Si hubo algún lugar donde quise estar durante aquellas mañanas negras como el carbón que siguieron a la muerte de mi madre, era en el dormitorio de Hornton Street: una hermosa habitación que estaba al fondo de la casa, lejos del retumbar y el estrépito del tráfico, y que daba a los jardines de abajo a través de un enorme ventanal con una persiana romana. En tiempos más felices, Justine y yo habíamos yacido juntos allí, simplemente escuchando el repicar de campanas procedente de la iglesia de St Mary Abbotts; después acabábamos saliendo a la calle e iniciábamos suavemente el día con un café en la cafetería de la esquina o una visita a The Muffin Man, en Cheniston Gardens, una descacharrante casa de té inglesa a la antigua en la que nos sentábamos a sorber nuestro Earl Grey, a la vez que intentábamos no mirar demasiado fijamente a las pomposas y repeinadas viudas acaudaladas y sus bobos perritos en miniatura.

Poco a poco, pues, logré acceder a alguna versión irregular de la normalidad y, a medida que la niebla del duelo comenzó a despejarse, empecé a ser capaz de escuchar música de nuevo. Una de las lecciones más valiosas que había aprendido del mundo cutre y casero de mi infancia era que cuando querías algo, lo hacías tú mismo. Pese a que aún no sabía del todo cómo era, la clase de música que quería escuchar no parecía estar disponible, y eso me frustraba cada vez más. Una noche de otoño, Justine, Mat y yo estábamos viendo *Top of the Pops* en el piso. Recuerdo haber visto a un grupo de rock ridículo, cansino y melenudo cumpliendo diligentemente con su repertorio de poses fálicas, mientras pensaba en lo mierdoso que era aquello, y dije algo así como: «Sé que podemos hacer algo mejor que eso». El ímpetu de todos los sísmicos cambios existenciales que estaba experimentando debió de sacarme de mi cómoda burbuja y llenarme de una sensación de *carpe diem*, así que decidimos poner un anuncio en el *NME* para encontrar a un guitarrista.

A aquellas alturas, Mat y yo nos habíamos mudado oficialmente de Wilberforce Road, y yo había trasladado mis pocas pertenencias que no estaban en casa de Justine a un piso compartido situado justo enfrente de la rotonda que había al comienzo de Highlever Road, en North Kensington. Para aquellos que no lo sepan, North Kensington y Kensington son dos sitios muy distintos; pese a que ahora sea una zona bastante acomodada, en aquellos tiempos era una denominación un tanto engañosa que se refería a los cutres yermos de las afueras situados más allá de lo peorcito de Ladbroke Grove. El piso tenía tres dormitorios en la planta superior de una alta casa victoriana, pero tampoco había más zona comunal que la cocina, porque lo habíamos abarrotado de inquilinos. Era un sitio desangelado y funcional, impersonal, con alfombras grises y las paredes pintadas de color magnolia, no encantadoramente dejado como Wilberforce Road, sino desolador y ordinario a su manera. Nuestra habitación estaba al fondo y tenía unas cristaleras que daban a una terraza solitaria, abandonada y llena de malas hierbas, y por las demás habitaciones merodeaba la habitual colección aleatoria de desarraigados de veintitantos años, entre ellos, durante un tiempo, una graciosa y libertina amiga de Justine, Geraldine, cuyo hogar familiar estaba delante de la biblioteca que había enfrente de su piso de Campden Hill Road. Muchos años después, cuando estábamos componiendo *Coming Up*, Mat se mudó a un piso en North Pole Road, justo enfrente de Highlever Road, y en diciembre recibía un montón de solicitudes y cartas infantiles dirigidas a Papá Noel en las que figuraban las señas: *Number 1, The North Pole*. En la práctica, el piso no era más que un sitio en el que dormíamos de vez en cuando, y para ser sinceros, a pesar de que fuera mi habitación, Mat pasaba más tiempo allí que yo, pues acababa de graduarse y se encontraba sumido en una especie de errático ambiente de postlicenciatura viciado y lumpen. Solíamos conducir hasta allí en el Renault, y Mat andaba caminando plomiza y fatigosamente en su albornoz, consumiendo latas de Heinz Big Soup y peinando las columnas de ofertas de empleo, e intentábamos animarle. Guardábamos allí nuestros instrumentos y también un par de amplis, así que fue allí donde decidimos hacer las «audiciones». El anuncio se publicó en uno de los últimos números de *NME* de 1989, que tenía a Debbie Harry en la portada. Escogimos deliberadamente el *NME* en lugar del *Melody Maker*, que era el foro tradicional para ese tipo de cosas, porque en aquellos tiempos nuestro idealismo rozaba lo quijotesco y buscábamos alguna forma de distinguirnos del hatajo habitual de músicos en busca de empleo temporal, que eran los que tendían a responder a aquella clase de anuncios.

El anuncio decía algo pomposo e irritante del tipo: *Se busca guitarrista para grupo sin experiencia pero importante. Influencias: Smiths, Lloyd Cole, Bowie, Pet Shop Boys. Nada de músicos ni de principiantes. Hay cosas más importantes que la habilidad*. Respondieron dos personas: el primero era exactamente el retrato robot del tipo de músico heavy metal-con-camiseta-sin-mangas que esperábamos evitar, y el segundo era un chico llamado Bernard Butler. Al principio le propuse que nos viéramos en un pub de viejos chungo que conocía en Ladbroke Grove llamado The Kensington Park, pero cuando le pregunté cómo iba a reconocerlo, me respondió irónicamente: «A lo mejor debería ponerme un clavel», así que le di nuestra dirección y le dije que se pasara. Puede que ya hubiera comenzado a considerar románticamente el encuentro como algo digno de alguna clase de escenificación.

Mi primera impresión de Bernard, oculto tras una espesa mata de pelo moreno, fue que era muy callado y muy joven, pero que de algún modo, pese al laconismo de sus respuestas y su aspecto imberbe, no parecía tímido, solo un tanto reservado y dotado de una extraña seguridad en sí mismo. Teníamos la impresión de que nos observaba y de que nos estaba calibrando discretamente. Supongo que a él le pareceríamos tres pretenciosos soplagaitas de clase media; desde luego, nuestras ideas superaban nuestra escasa habilidad, y una vez que nos terminamos el té y habíamos cumplido con el protocolo y finalmente le oímos tocar, su sobrecogedor talento musical dejó en evidencia nuestra ambición como el disparate sin fundamento que era. Siempre me ha resultado tremendamente absorbente ver tocar a Bernard; incluso bajo la opaca luz de una bombilla de cuarenta vatios dentro de un local de ensayo, lejos del brillo y el resplandor del escenario, la forma en que se entrega tan absolutamente a la música tiene algo intensamente cautivador. Se trata de una inmersión que muchos otros intentan insinuar o imitar, pero de la que Bernard es completamente dueño. A la vez muy violento y muy tierno pero directo y resuelto al mismo tiempo, siempre ha sido alguien dotado de un talento muy especial, incluso desde aquellos primeros instantes. La forma de tocar de Bernard tiene algo que recuerda a la destreza y la intensidad de un cirujano; es como si estuviera operando con el instrumento de una manera que lleva a cualquiera que le esté observando a sumirse en el mismo estado de aceptación que embarga a un paciente o al pasajero de una aerolínea: una especie de entrega necesaria y voluntaria en manos de un experto. Me di cuenta muy pronto de que si de verdad aspiraba a los elogios y el estatus que creía que el mundo me debía, entonces me correspondía a mí intentar ponerme a su altura. El único fragmento de conversación que recuerdo de ese encuentro inicial fue que le dijimos nuestra edad (yo apenas acababa de cumplir veintidós años en ese momento), y Bernard se dio la vuelta y respondió escuetamente algo así como: «Pues entonces más vale que os vayáis poniendo las pilas». Y tenía razón, éramos demasiado carcamales para seguir siendo unos soñadores ambiciosos sentados en dormitorios hablando de lo que queríamos hacer, y si no hubiéramos conocido a Bernard estoy seguro de que nos habríamos quedado exactamente en eso. No todo funcionó a la perfección al principio, por supuesto: nos costó algún tiempo salvar la diferencia de habilidad, y como ocurre en cualquier grupo, hubo que superar un largo período de frustración y fracaso antes de que se pusiera realmente de manifiesto química alguna. El nuestro seguramente dio la impresión de alargarse más que la mayoría, pero nos mantuvimos a flote gracias a esos primeros brotes de entusiasmo, debido a la impresión de que, por citar erróneamente a Miguel Ángel, en el interior del bloque de mármol había una hermosa estatua esperando salir a la luz si éramos capaces de encontrar las herramientas adecuadas. El primer tema original que Bernard nos tocó fue algo llamado «Miller Man». Recuerdo que era complejo y melódico, y que tenía un evidente guiño estilístico hacia Johnny Marr, y en efecto, la dinámica compositora de los Smiths iba a convertirse en nuestro modelo; yo intentaba soldar letra y melodía a los tupidos e intrincados opus de Bernard. Durante esas primeras semanas, nos presentó otros temas fluidos, laberínticos y de base arpegiada a los que me esforzaba por hacer justicia. Yo aún no había desarrollado ningún talento musical real y estaba demasiado sometido al dominio de las palabras sobre la melodía, a la vez que seguía desprovisto de toda maestría real del arte de la narrativa o del golpe de gracia del gancho salvaje.

Así que las semanas fueron pasando. Bernard cogía el metro hasta Ladbroke Grove y se acercaba a Highlever Road con su Epiphone colgada a la espalda y metida dentro de su funda blanda, y, cuando no estábamos diseñando centros comunitarios inútiles y bibliotecas que jamás iban a construirse, nosotros atravesábamos apresuradamente Londres y el frío crepuscular para encontrarnos con él y repasar nuestro modesto y creciente repertorio. Había canciones con títulos como «So Liberated», «Carry Me, Marry Me», «The Labrador in You» y «Wonderful Sometimes»: amargas y azarosas invectivas contra las limitaciones del sistema de clases, torpes apelaciones a una sexualidad latente y vivaces y cohibidas canciones de amor, todas ellas ligeramente desentonadas y amorfas, y aún carentes de mordiente ni dramatismo real alguno. Echando la vista atrás y pensándolo bajo la fría y cruda luz de la objetividad, mi voz también tenía serias limitaciones. Había emprendido mi trayectoria musical con la esperanza de ser el tipo silencioso que estaba al fondo —el diligente centinela que rasgueaba detrás de una Gretsch—, pero sencillamente no tenía calidad suficiente para desempeñar ese papel. A medida que el destino fue jugando sus cartas, me fui viendo empujado más hacia adelante, hasta que un día me desperté parpadeando bajo la luz del día y me topé con que me habían asignado el papel de cantante del grupo, pese a no tener ningún dominio real de mi instrumento. Me costó algún tiempo imprimirle a mi voz algo de fuerza, superar mi vergüenza y mis inhibiciones e interiorizar la violencia, la demencia y el flujo de sentimiento que es preciso interiorizar para poder cantar de verdad. Por decirlo llanamente: la voz era floja. Pero lenta, muy lentamente, gracias a nuestros fracasos, estábamos aprendiendo y empezábamos a desarrollar ese ingrediente que constituye el cimiento de todo hatajo medianamente decente de músicos emergentes: la camaradería. Empezamos a acudir juntos a conciertos para fijarnos cuidadosamente en el oficio de otros grupos que estaban solo unos peldaños por encima de nosotros. Mientras que yo había optado por idealizar y simplificar la música en exceso, Bernard entendía mejor los pasos prácticos necesarios para construir el sonido que tenía en mente y, como muchos guitarristas, podía ser muy técnico y se esforzaba meticulosamente en conseguir lo que quería. Utilizando el dinero que había ganado en un empleo a tiempo parcial en Rymans, poco a poco comenzó a ampliar su equipo y su colección de pedales, y empezó a familiarizarse con sus matices y variaciones. Queríamos desprendernos del sonido flácido y acústico de The Perfect, así que invertimos en una caja de ritmos de segunda mano, y un día fuimos con el Renault por la M4 a Feltham hasta una torre de aspecto imponente que estaba situada bajo los trayectos de vuelo de Heathrow, donde nos encontramos con un pastillero de mirada desorbitada al que le dimos cien libras a cambio de una vieja Alesis HR-16. Recuerdo que volvimos al piso de Justine y que nos hipnotizó su infatigable ritmo, y pensamos que de algún modo habíamos dado un minúsculo paso hacia nuestra escurridiza meta. Seamos sinceros: no teníamos éxito y éramos lo bastante impresionables para dejarnos influenciar por el *Zeitgeist*, y la presencia de una caja de ritmos encajaba con la cultura de la música indie de comienzos de los noventa, mezclada con electrónica y secuenciadores y *samples* y *loops* mientras el rebaño pretendía seguir la estela post-Roses/Mondays. Aquella fue la época en que la sombra del segundo Verano del Amor se cernía incluso sobre nuestro pequeño mundo soleado. Fue un momento emocionante, pues existía una sensación palpable de que la aglomeración de tribus juveniles y su desmandada búsqueda de diversión contenían esa nota genuina de rebelión contra el *establishment* que había hecho tan emocionantes las transgresiones del rock and roll de los años cincuenta y del punk. Durante un breve espacio de tiempo pareció que la música de baile estaba destinada a suplantar al rock, y que para que el rock sobreviviera de la manera que fuese tenía que adaptarse. La adopción de una caja de ritmos por nuestra parte fue una concesión a los vendavales de la moda mientras seguíamos dando palos de ciego en busca de nuestro propio sonido.

Ahora bien, por el camino suele haber muchos callejones sin salida y equivocaciones de rumbo. A veces, descubrir a dónde uno no quiere ir es tan importante como descubrir a dónde *sí* quiere hacerlo, y, a riesgo de sonar como algo impreso en el interior de una tarjeta Hallmark, lo que a uno lo acaba definiendo tanto como sus éxitos es cómo supera sus errores y fracasos, si bien, en última instancia, son esas taras las que resultan más fascinantes. Del mismo modo que la infancia de todo el mundo es un tanto bochornosa, lo mismo cabe decir de las primeras incursiones musicales de todo el mundo. Me encantaría poder sentarme aquí y escribir que llegamos plenamente formados, violentos y dinámicos, resueltos y con gran elocuencia, pero sencillamente no sería cierto. No obstante, las canciones flojas, poco originales y deformes, así como los detalles cutres e ignominiosos, constituyen una parte igualmente integral de la historia, y por tanto son algo de lo que, por estrafalario que parezca, me siento igualmente orgulloso. Fijarme en otros grupos y en su ascenso aparentemente inalterable e imperturbable por la escalera del éxito hace que sienta que de algún modo se han perdido algo, pues son el esfuerzo y las imperfecciones tanto como el producto acabado lo que le da a la cosa en conjunto su peso. A medida que van pasando los años, da la impresión de que la maquinaria que propulsa el éxito se vuelve más sofisticada y produce unos grupos cada vez más previsibles a través de un menú de listas verificadas e hitos mediáticos. En 1990 ese tipo de fórmula estaba muy lejos de haberse consolidado, ya no digamos depurado, mientras nosotros seguíamos tanteando en busca de alguna clase de identidad.

Seguramente porque eran más baratos, solíamos asistir a muchos conciertos en locales de la Universidad de Londres —sitios como el University of London Union

(ULU) o el Queen Mary College— en los que tomábamos pintas de cerveza en vasos de plástico y veíamos a grupos marginales y ya olvidados como Five Thirty o That Petrol Emotion, no tanto para que nos inspiraran artísticamente como para empaparnos del universo vertiginoso de las máquinas de humo, el rechinar del *feedback*, los cuerpos apretujados y la emoción del ruido. Una noche, durante el descanso entre los teloneros y los cabezas de cartel, Bernard, Justine y yo nos sentamos en las escaleras a fumar. Habíamos llegado al punto en el que andábamos buscando un nombre, y sinceramente no recuerdo la historia que hubo detrás, pero sí que sencillamente me volví hacia ellos y les pregunté: «¿Qué tal Suede?».

8

Resulta interesante cómo por el hecho de estar en un grupo muchas veces me piden que justifique, explique e intelectualice cosas que en retrospectiva parecen simplemente instintivas. No recuerdo que existiera una lógica especialmente sólida detrás de la elección de nuestro nombre más allá del simple hecho de que sonaba bien. Más adelante, los periodistas me obligaron a adherirle una historia al apelativo, y yo intenté complacerles amablemente parloteando acerca de conceptos de «belleza a través de la crueldad» y haciendo referencias a canciones de Elvis o de Morrissey. La verdad, sin embargo, es que me gustaba cómo sonaba y cómo quedaba visualmente, y a veces, en la música y en la vida, eso es lo único que de verdad importa. Así que nos llamamos Suede y, armados con aquel nuevo ímpetu y aquella nueva identidad, seguimos resueltamente hacia delante.

El paso siguiente, claro, fue hacer acopio del valor necesario para subirnos a un escenario y tocar nuestras canciones en directo. A mí aún me faltaba por averiguar hasta qué punto esa experiencia hace cristalizar y centra tu forma de concebir tu propio trabajo, el hecho de que tocar exactamente la misma canción —incluso ante el público más modesto— te lleva a ver esa canción de forma completamente distinta. Cuando de repente te ves despojado del solipsismo de tu propia percepción, empiezas a escuchar la canción a través de los oídos de otros, desprendida de artificio y con sus puntos fuertes y débiles puestos al descubierto y revelados. Aún nos faltaba por aprender aquello mientras intentábamos que nos hicieran un hueco como teloneros en el deprimente e implacable circuito indie londinense de principios de los noventa. Conocíamos a un chico que se llamaba Andy Holland, hermano de un antiguo amigo del colegio, un graduado de Bellas Artes que era el técnico de luces de un grupo llamado The Prudes. Nos hizo unos favores e hizo valer un poco su influencia, gracias a lo cual nos acabaron ofreciendo tocar los terceros en un bolo que iba a tener lugar en el pub White Horse de Fleet Road, en Hampstead, cerca del Royal Free Hospital. Si la memoria no me falla, el bolo tuvo lugar en una especie de bodega que había debajo del pub. Había un puñado de personas dando vueltas por ahí cuando nos subimos cautelosamente al escenario y repasamos cortésmente nuestro repertorio. Lo único que puedo decir acerca de aquella experiencia es que tuvimos la impresión de que transcurrió de manera onírica. Estábamos tan nerviosos y descontrolados que una especie de piloto automático instintivo tomó el relevo, y lo que recuerdo es tan extraño y vago que casi parece reprimido. Sé que tocamos «Justice», «So Liberated» y posiblemente nuestro tema más reciente, «Natural Born Servant», una especie de horrible bazofia *baggy* de la que hasta hicimos demos y que llegamos a promocionar desesperada e infructuosamente en unas cuantas discográficas. Mat estaba a cargo del manejo de la caja de ritmos, así que seguramente se produjeron embarazosos episodios de silencio y reorganización entre canciones mientras localizaba el programa siguiente. Estoy seguro de que aquello fue una clase magistral de ineptitud, pero en cuanto hubimos tocado el último tema y sacamos nuestros amplis del escenario, nos reunimos en torno a la barra aureolados de resplandor optimista, con la sensación de haber realizado una hazaña y seguramente aliviados. El recuerdo más nítido que tengo de hacer bolos en aquellos primeros días es el del espacio en forma de D que había delante del escenario, una especie de tierra de nadie en la que ningún miembro del público osaba aventurarse. Casi daba la impresión de que la gente no quería acercarse demasiado al grupo, no fuera a ser que su fracaso se les pegara. Es curioso que, en cuanto un grupo tiene éxito, esa misma zona se convierte en un territorio preferente que los fans acérrimos defienden y se disputan despiadadamente. También recuerdo, mucho antes de que pudiéramos plantearnos siquiera la posibilidad de tener *roadies*, el absoluto anticlímax que suponía que, después de haber llegado al punto culminante y tocado el último acorde, y de que nos hubiéramos largado del escenario envueltos en lo que nosotros considerábamos una nube de arrogancia y misterio, tuviéramos que volver a subir cautelosamente a él, prescindir de aquella imagen y poner manos a la obra rapidito a la tarea práctica de desmontar el equipo. Un año más tarde aproximadamente, cuando estábamos cerrando las actuaciones con «To the Birds», aquella ridícula disparidad se vería acentuada aún más.

Ensayábamos en un sitio llamado The Premises, un local de ensayo viejo y cutre que estaba en un adosado de

Hackney Road. Creo que sigue allí. Tenía corrientes de aire, estaba descuidado y, naturalmente, era ruidoso, pero al mismo tiempo era bastante acogedor. Había té azucarado y estufas de butano, y olía a humo de tabaco rancio y al sudor y las colillas de miles de grupos sin contrato discográfico. Tocábamos hasta bien entrada la noche, mientras, un par de plantas más abajo, el este de Londres murmuraba y chirriaba. En algún momento, después de heredar un poco de dinero de mi encantador tío Harry, me había comprado una preciosa Rickenbacker de seis cuerdas que Justine rasgueaba fielmente mientras Bernard saltaba de un traste a otro de su Epiphone y la caja de ritmos tamborileaba sin cesar. Mat hacía retumbar su viejo bajo Fender, y a veces, durante las pausas para fumar, solía realizar entrevistas de coña o retarme a que le enseñara cómo pensaba moverme por el escenario. Mat es sin duda una de las personas más listas y agudas a las que uno podría conocer jamás. Tiene la habilidad de soltar ocurrencias improvisadas que a la mayoría de gente le llevaría semanas idear. En la actualidad ha madurado y se ha convertido en un hombre amable y feliz, pero cuando era más joven sus implacables burlas podían llegar a resultar exasperantes y provocadoras. Afortunadamente, teniendo en cuenta el tiempo que habíamos pasado juntos, yo sabía cómo lidiar con él, y me limitaba a murmurar algo inaudible con mi acento nasal de la zona del estuario[29] y marcharme a preparar té. Desde bastante pronto, sin embargo, en cuanto deconstruimos la jerarquía existente, Bernard se ocupó de tomar la iniciativa, y se presentaba continuamente con temas nuevos que

29. Acento del sudeste de Inglaterra, asociado sobre todo a la zona que bordea el Támesis y su estuario. [*N. del T.*]

ensayar a los que yo intentaba acoplar letras y melodías. Incluso en aquellos primerísimos días en los que seguíamos siendo ineptos y mal queridos, su diligencia era estimulante. Era una de las muchas cosas que a lo largo de los años realmente llegué a admirar de él: aquel fervor implacable e inquieto, aquella misión creativa. Poco a poco, creo que Bernard empezó a sentirse más cómodo con nosotros. Nuestra dinámica íntima debió de intimidarle al principio, y por supuesto, sus orígenes eran muy distintos a los de Justine, aunque también es verdad que también lo eran los de todos nosotros. No obstante, siempre se mantuvo un poco al margen, y yo tenía la impresión de que, en lugar de que hubiera habido una empatía inmediata, empezó a confiar en nosotros a medida que aprendió a integrarse. Supongo que las semillas de la discordia quedaron sembradas en nuestro seno muchos años antes de que acabaran brotando y rompiendo nuestra amistad, pero de momento aprendimos a reprimir cualquier leve inquietud que pudiera haber, y perseverábamos con arrojo y pasábamos por alto nuestras diferencias. Mientras que los demás parloteábamos sin cesar sobre lo que fuera, Bernard era más introspectivo e intenso. Dicen que la gente más callada es la que tiene la mente más excepcional, y a mí me dio la impresión de que él interiorizaba las cosas y las expresaba a través de la música que componía antes que mediante alguna de las conversaciones que yo mantuve con él en aquel entonces. Pero ¿quién sabe? Apenas comenzábamos a entendernos el uno al otro, y la época en que estableceríamos un vínculo de verdad aún se encontraba más o menos a un año de distancia.

Conseguimos convencer para que nos incluyera en un cartel a otro promotor de poca monta, un tipo llamado

Chris que llevaba The Cube, un club indie ubicado en el Bull and Gate —un espacio de tamaño decente con un escenario elevado en la parte del fondo—, en Kentish Town Road, al ladito del Town and Country Club, un local mucho más prestigioso en el que tocaban grupos como Dios manda, con fans y contratos discográficos. Lo único que recuerdo de aquella noche fue la sensación de absoluto horror que me sobrevino cuando la caja de ritmos decidió averiarse un par de veces, deteniéndose a mitad de canción con mortífera rotundidad. Nos quedamos paralizados, como cuatro conejos asustados, confusos e inmersos en el pánico, como si la tierra se hubiera abierto bajo nuestros pies, mientras Mat se abalanzaba sobre los controles en un éxtasis de titubeos y yo seguramente intentaba murmurar en vano algo ingenioso o carismático para rellenar el bochornoso y dilatado silencio y ahogar las risitas disimuladas. Increíblemente, a pesar de aquella comedia de errores, Chris logró ver algo en nosotros y nos contrató para otro bolo. Fue la primera persona ajena a nuestro pequeño círculo que tuvo fe en nosotros, y creo que nunca le he dado las gracias por ello.

Nuestro siguiente bolo consistió en hacer de teloneros para Clare Grogan, ex Altered Images, como actuación principal. Que semejante oportunidad nos pareciera glamurosa puede dar una idea de la humilde posición que ocupábamos en la resbaladiza escalera del éxito, como si de algún modo la fama, por pequeña o indirecta que fuera, estuviera tentadoramente al alcance de nuestra mano. Resulta irónico que cuando por fin acabamos llegando a alguna parte, nuestra imagen popular, para muchos, fuera la de miembros de algún cenáculo de la sofisticada élite urbana, esos londinenses guays y con contactos que consideraban el éxito como su derecho de nacimiento y se codeaban con la flor y nata. Nada podría haber estado más lejos de la verdad en el momento en que subimos tímidamente al escenario del Bull and Gate y tocamos de forma muy poco convincente nuestro repertorio ante un puñado de fans de Altered Images vagamente distraídos. Lo cierto es que todos nos sentíamos absolutamente excluidos por los medios y la gente poderosa e influyente que los dirigía por la sencilla razón de que así era. Éramos como unos golfillos de mejillas mugrientas con las caras apretujadas contra el escaparate de una tienda de caramelos: inverosímiles, sin contactos y a la deriva. Aparte de Justine, que había conocido el privilegio de cerca, creo que los demás nos habíamos criado con la noción de que el éxito era algo que les sucedía a otros. Ninguno de nosotros conocía a nadie que hubiera logrado penetrar en los círculos íntimos de los discretos y adinerados lugares de ocio del mundillo de los medios de comunicación; nuestros padres eran taxistas y trabajadores no cualificados que solo habrían podido conocer a una celebridad, a un periodista o a un cazatalentos en el supuesto de que los hubieran llevado a casa en su taxi. Era esta distancia la que siempre me ha producido la impresión de que, incluso cuando tuvo éxito, el grupo siempre siguió siendo, de algún modo, un grupo de marginados. Años más tarde, cuando acudimos a los Brit Awards, recuerdo que la antesala estaba llena de celebridades engreídas y vanidosas como Cher y Peter Gabriel, que iban dando botecitos por ahí con sus ridículos atuendos mientras nosotros nos limitábamos a fumar y a reírnos con las maquilladoras ante el carácter absolutamente hortera de todo aquello. A decir verdad, siempre he atesorado esa sensación de marginalidad —esa saludable insolencia— y siempre he creído que las voces de los márgenes son veraces, y que en cuanto a uno lo aceptan plenamente como artista y pasa a formar parte de una élite, de algún modo ha sido castrado.

Así que nuestro tiempo libre empezó a estar ocupado por la desmoralizadora experiencia de intentar entrar en la tienda de caramelos. Bernard y yo nos pasábamos tardes enteras lamiendo sellos y enviando por correo nuestras maquetas metidas en sobres acolchados, y también nos quedábamos en espera telefónica con las discográficas, los promotores de pacotilla y los dueños de locales que siempre estaban «fuera del despacho» en ese momento. No nos cogían el teléfono y nos cerraban la puerta en las narices, así que se nos ocurrió utilizar los evidentes encantos de Justine como cebo en nuestra desesperada y deprimente cruzada. Entró en un par de ocasiones en sitios como East West o Chrysalis Records vestida con una falda de cuero para intentar incrustarle una de nuestras casetes en las manos a alguien que pudiera marcar la diferencia. Ahora suena terrible, pero no era nada sórdido: simplemente pensamos todos que, gracias a su aspecto y a su atractivo, seguramente habría más posibilidades de que se fijaran en ella que en unos chicos delgaduchos y lánguidos como nosotros. Sin embargo, las discográficas nunca nos devolvían las llamadas, y a Dios gracias, porque seguíamos necesitando mejorar desesperadamente.

Sin embargo, después de intentar vendernos, abrirnos paso a empujones y perseverar, conseguimos que pusieran nuestra canción «Wonderful, Sometimes» en el *Demo Clash* de Gary Crowley un domingo por la tarde en la cadena GLR. Era una parte del programa en la que Gary ponía dos maquetas de dos grupos sin contrato discográfico una tras otra, el público votaba cuál le parecía la mejor y el ganador pasaba al concurso de la semana siguiente. Por supuesto, en realidad lo único que aquello indicaba era cuántos amigos era capaz de congregar cada grupo para que se tomaran la molestia de llamar, y como nosotros conocíamos a bastante gente acabamos ganando en un par de ocasiones. La pequeña oleada de atención que suscitó aquello indujo a un periodista del *Melody Maker* a venir al Bull and Gate a hacer una reseña del bolo, pero para nosotros era demasiado pronto, y la crítica consiguiente, mordaz y despiadada, nos dolió horriblemente. Creo que nos asimilaron a unos presentadores de televisión infantiles, y si alguna vez veis alguna foto de aquellos primeros conciertos, veréis que la descripción estaba justificada. Cómicamente vestidos con espantosas camisetas a rayas fosforito post-Madchester y vaqueros holgados, debíamos de pensar que íbamos a la moda, pero teníamos tanto carisma y presencia como un portarrollos de papel higiénico. Fue nuestro primer bofetón de rigurosa reprobación pública, pero supongo que no dejó de formar parte de la trama de acontecimientos que acabó haciendo que mejoráramos. Y sabe Dios que buena falta nos hacía. Pese a que a comienzos de los años noventa no cabe duda de que nunca se mencionaba la palabra «carrera» cuando se hablaba de música, seguíamos teniendo la poderosa impresión de que nuestros afanes representaban mucho más que un vago capricho. En la era predigital parecía perfectamente factible albergar la esperanza de que poder comer y crear música interesante y marginal al mismo tiempo no tenían por qué ser cosas mutuamente excluyentes. Hoy en día conozco a grupos alternativos de cierto éxito, creativos y estimulantes —conjuntos formados por músicos veteranos y profesionales que trabajan duro— cuyos miembros tienen que complementar sus ingresos con trabajos a tiempo parcial. Las consecuencias para el futuro de la creatividad musical son de lo más desoladoras.

Así que continuamos insistiendo torpemente durante unos meses, tocando al son de la tiranía caprichosa y mecánica de la caja de ritmos a lo largo de una serie de bolos semidesiertos y deprimentes en las trastiendas de pubs y en locales de bajo nivel hoy cerrados, pero poco a poco empezamos a darnos cuenta de que si queríamos que las canciones respiraran del modo que fuera, si queríamos que crecieran, evolucionaran y provocasen alguna respuesta más allá de unos murmullos y una pizca de solícitos aplausos, entonces teníamos que encontrar a un batería de verdad.

De algún modo entramos en contacto con un chico llamado Justin Welch. Se presentó en The Premises una tarde con la batería en la parte trasera de su Mini; era un roquero impactante con una melena de color rubio ceniza que le llegaba hasta los hombros, un espeso acento de las Midlands y un aro en la nariz. A mí Justin siempre me cayó muy bien, y en la actualidad seguimos viéndonos con él. Siempre resulta encantador y muy divertido, pero cuando era joven desprendía una energía inagotable que era como un vendaval que dejaba a su paso una estela de caos. Repasamos unos cuantos temas con él, Justin aporreó y azotó los platillos, y todo fue sobre ruedas, como si fuera un cruce entre Keith Moon y Animal, el de los Teleñecos. Pero aquello sonaba estupendo: palpitante de vida y espacio, y liberados por fin del tamborileo caprichoso y rígido de la caja de ritmos. Ahora bien, Justin era de esa clase de tíos que tocaban con montones de grupos, y no estoy seguro de que nuestras canciones educadas y todavía un tanto asexuadas de verdad le dijeran algo. Quedamos vagamente en volver a vernos, pero a mí me dio la impresión de que estaba dando rodeos. Después decidimos irnos a tomar algo todos juntos, y yo acabé apretujado dentro de su Mini, aplastado contra la batería. Conducía de la misma forma que tocaba la batería, y mientras íbamos a toda velocidad por Hackney Road, cogió una curva demasiado deprisa, perdió el control y el coche terminó haciendo trompos. Acabamos derrapando hasta describir un círculo perfecto, como si fuéramos especialistas realizando una persecución automovilística para una serie policiaca. Cuando por fin los neumáticos dejaron de rechinar y nos detuvimos, lo primero que vimos ante nosotros fue una furgoneta de la Policía y tres agentes con cara de pocos amigos y con el ceño fruncido que habían presenciado todo el episodio y que nos estaban mirando fijamente por el parabrisas. Justin pasó las dos horas siguientes en comisaría, y los demás volvimos a casa sedientos.

La verdad es que no me interesa demasiado ordenar correctamente la secuencia de los acontecimientos, porque no es el objetivo del libro, pero en algún momento apareció por ahí un tío al que Mat y yo conocíamos de los dos últimos cursos de secundaria en Haywards Heath. Era obvio que tenía un poco de dinero y quería hacer una pequeña incursión en el negocio de la música fundando un sello, así que nos dijo que pondría el dinero para que grabáramos un par de cosas. A pesar de que técnicamente seguramente lo sería, aquello no *parecía* un contrato discográfico como Dios manda. Era demasiado informal y de gama baja para dar alguna impresión de glamur o de privilegio. Para empezar, su «sello» de confección casera no tenía historia ni identidad ni plantilla alguna: solo tres letras de resonancia anodina y una modesta promesa. Yo no recuerdo haber firmado nada, y desde luego tampoco recuerdo haber tenido en ningún momento la sensación de que se tratara de algo trascendental o especialmente emocionante, pero sí nos llevó a pasar algún tiempo en un estudio como mandan los cánones: un sitio que nos había encontrado en Sussex y que, ironías de la vida, no estaba a un millón de millas de Haywards Heath. Para cualquiera que se haya criado a base de una dieta de biografías roqueras y tardes lluviosas hojeando el *NME*, la iconografía de los estudios de grabación posee un encanto a la vez emocionante y familiar, así que gran parte del tiempo que estuvimos allí metidos, entre el laberinto de las salas de control y las cabinas de sonido llenas de pantallas antirruido, lo pasamos vagando por ahí como unos niños de ojos desorbitados que hubieran encontrado las llaves de un jardín secreto, recorriendo con los dedos los potenciómetros de los altavoces y los teclados y sumidos en nuestras propias fantasías roqueras privadas. La cuestión de grabar algo parecía, en efecto, casi secundaria, pero finalmente recobramos la compostura y dimos los primeros pasos titubeantes de cara a dejar nuestras ideas debidamente plasmadas. Con frecuencia, la canción que a un grupo lo emociona más es la última que se ha compuesto. En aquel momento, la nuestra se llamaba «Be My God»: un tema palpitante, hipnótico y casi celestial que comenzaba con la guitarra de Bernard creando capas y creciendo a través de un pedal de volumen, pero al que le fallaron la debilidad de mi voz y la nulidad de mis letras. Seguimos avanzando a trompicones por el proceso, disfrutando de lo novedoso de la emoción, y tras un par de días dentro del enclave de salas de grabación y mesas de mezclas, habíamos terminado de grabar el tema, y volvimos conduciendo por la M23 a Londres con las cintas, nerviosos y jadeantes de emoción antes los planes y las posibilidades.

Nuestros vínculos con él eran bastante informales, así que, de esa manera desenfadada y sin ataduras tan típica de la juventud, Justin se fue a tocar con Spitfire o uno de sus muchos otros grupos y nos vimos forzados a buscar un nuevo batería, por lo que decidimos poner otro anuncio en la prensa musical. No recuerdo las palabras exactas, pero sé que nombramos a los Smiths como una de nuestras influencias. Una de las pocas personas que respondieron era un tipo de Manchester que se llamaba Mike. Lo que no sabíamos hasta que entró en el local de ensayo de The Premises era que se trataba de Mike Joyce[30]. Nos quedamos todos ligeramente sobrecogidos, pero Mike se comportó como un auténtico caballero. Escuchó amablemente nuestras mediocres canciones, improvisó con nosotros y nos dio consejos, pero nunca monologó ni nos sermoneó ni se hizo el profesional fogueado. A lo largo de las cinco semanas siguientes, nos tomó bajo su tutela, y a su manera amable y amistosa, trató de apoyarnos y alentarnos. Quisiera pensar que debió de ver en nosotros algún potencial, pero quizás solo le dimos lástima o le gustaba relacionarse. De todos modos, una vez Bernard y yo fuimos en tren a Manchester a verle a él y a su mujer. Hicimos una *jam session* en su sótano y compuse allí una divertida canción llamada «We Believe in

30. Batería inglés conocido por haber tocado con los Smiths y también con Public Image Ltd. y Buzzcocks. [*N. del T.*]

Showbiz»; tomamos té, charlamos y fumamos hasta altas horas de la noche. Él nos contó unas cuantas batallitas y por la mañana nos dejó en la estación de Piccadilly, desde donde regresamos a Londres con la sensación de que le importábamos a alguien y sintiéndonos un poco menos excluidos. Pocas semanas después, reservamos algo de tiempo en los estudios Battery de Londres para grabar una nueva canción en la que Mike iba a tocar la batería: «Art», que de manera apropiada era una bestia torrencial y poderosa con una parte de guitarra que recordaba a los momentos más roqueros de *Meat Is Murder*. Por desgracia, mi expresión vocal volvió a no estar a la altura, y la canción a duras penas lograba transmitir otra sensación que la de jactancia y furia vana. Sencillamente no había aprendido aún a modular correctamente una melodía; la letra estaba demasiado comprimida y apresurada e intentaba decir demasiadas cosas, pero acabé por no decir nada. Con todo, las cosas iban a cambiar, y estábamos empezando a asimilar el arte de la paciencia.

El prometido lanzamiento de los temas nunca se materializó: evidentemente, la «discográfica» se había dado cuenta de que no tenía gran cosa a la que aferrarse. Por desgracia, el error que cometimos al comprometernos demasiado pronto acabaría volviéndose en contra nuestra después de que tuviéramos éxito, porque tuvimos que comprar las grabaciones para evitar que se editara un material de calidad inferior en un momento en el que cada instante de lo que estuviéramos haciendo estaba siendo examinado con lupa. No obstante, el tiempo que pasamos con Mike acabó de muy buenas maneras, pues ambas partes éramos conscientes de que si hubiera llegado a unirse al grupo habría existido una disparidad injusta y un desequilibrio, por lo que seguimos tan amigos: él se fue a tocar con PiL y nosotros nos pusimos de nuevo a buscar otro batería. Sigo viendo a Mike de vez en cuando, y siempre me alegra el hecho de que parece que su cordialidad y pasión nunca pierden intensidad.

Durante el tiempo que pasó en el Queen Mary College, Bernard había conocido a un tipo llamado Nadir, que comenzó a ser nuestro mánager. Formaba parte de un equipo de mánagers de eventos universitarios de bajo nivel que incluía a una persona que trabajaba en la taquilla de la University of London Union y que se llamaba Ricky. Nos presentó a un batería con el que trabajaba allí y organizamos una audición con él en The Premises. Se llamaba Simon Gilbert. Recuerdo que Simon se presentó, y que era tímido y educado y extremadamente encantador, y hasta el día de hoy, pese a que ahora sea menos tímido y a lo largo de los años ha demostrado ser profundamente cordial y amable, la percepción que tengo de él no ha cambiado demasiado. Iba vestido con las ubicuas Dr. Martens, pantalones ceñidos y el pelo rubio de bote en punta, y recordaba un poco a un miembro perdido de The Clash: más o menos el mismo aspecto que sigue teniendo en la actualidad. Tocamos un par de temas y quedó claro desde bastante pronto que él era el elemento que faltaba. Siempre me ha encantado la forma de tocar de Simon: nunca demasiado quisquillosa, siempre primaria y poderosa, y con una obvia y enorme influencia de Paul Cook, Budgie y Topper Headon, así como de toda esa música áspera e iracunda de la que me enamoré en un principio. La aportación de Simon fue un factor decisivo, y a menudo pasado por alto, para que nos convirtiéramos en la clase de grupo que queríamos ser. Creo que consiguió evitar que hiciéramos cualquier clase de desafortunada incursión en el *groove*, y desentrañó todos los elementos punk y postpunk que yacían aletargados en el grupo. En las manos de otro batería, el desgarrado patrón tribal de «The Drowners», el frenético caos de temas como «Moving» y «Dolly» y el matiz salvaje de nuestra música inicial habrían evolucionado de una manera muy distinta. Los demás estábamos tan seguros de que Simon encajaba que de hecho ni nos molestamos en comunicárselo, y al cabo de semanas de ensayos cada vez más emocionantes, recuerdo que un día me llamó tímidamente por teléfono para preguntarme educadamente si su audición nos había convencido, cosa por la que aún seguimos tomándole afectuosamente el pelo.

Con el grupo por fin al completo, nos pusimos manos a la obra a la tarea de componer y ensayar furiosamente. Con Simon en su puesto, comenzamos a evolucionar hacia un tono más duro y a componer temas más maliciosos y más punkis, como «Going Blonde» y «Painted People», y a mí por fin se me empezaron a ocurrir partes de las que ahora no me avergüenzo. «Going Blonde» era una especie de diatriba frenética en forma de monólogo interior, un poco inspirada por la métrica dispersa y comprimida de «Subterranean Homesick Blues», que tenía como protagonista a un personaje de ficción llamado Terry que habíamos inventado Justine y yo. Habitaba un universo ligeramente idealizado y fantasioso de clase obrera repleto de salas de billar, cerveza barata y pendientes con diamantes falsos; el personaje estaba muy inspirado en *Campos de Londres*, de Martin Amis, libro con el que me obsesioné un poco allá por 1990. A Justine siempre le encantó la letra, y más tarde la versioneó Elastica, rebautizándola como «See That Animal» (pues empezaba conmigo gritando *See that animal / Get some heavy metal!*[31]). «Painted People», una invectiva sarcástica y burlona acerca de la «buena vida», fue una de nuestras canciones más antiguas en acabar viendo la luz del día, y a veces todavía la tocamos; su diatriba breve, desagradable y amenazadora siempre proporciona un formidable subidón de adrenalina airada. Y al proporcionarnos Simon la pieza del rompecabezas que nos faltaba, Mat empezó a evolucionar en paralelo, componiendo unas líneas de bajo cada vez más ambiciosas que se fundían con el sonido de la batería y añadían a la música otra capa de identidad, que nunca se contentaban con limitarse a ocupar una frecuencia o ir avanzando de cualquier manera, sino que a menudo eran complejas y rebosaban melodía. Con anterioridad, Mat siempre había sido mucho más conceptual en lo que a música se refiere. Creo que él sería el primero en reconocer que nunca fue un «músico entre músicos» y que jamás había querido serlo; sus puntos fuertes, por inmensamente importantes que fueran —y lo eran— para el grupo, residían más en su perspectiva y en su sentido del gusto. Siempre fue él quien tuvo más claro que ninguno de los demás la clase de grupo que éramos y la clase de grupo que queríamos ser, y hasta el día de hoy su voz sigue siendo fundamental. Sin él, es posible que canciones tan «autoconscientes» como «Trash» nunca hubieran llegado a buen puerto, y desde luego, mi propia sensación de que un grupo posee un «mundo» y un panorama específico en el que opera habría permanecido subdesarrollada. La presencia de Simon, sin embargo, liberó en él algo muy

31. «¡Mira a ese animal / Cómo se pone heavy metal!». [*N. del T.*]

musical, y comenzaron a ocurrírsele partes fantásticas: «He's Dead», «Pantomime Horse», «To the Birds» y cosas posteriores como «She's Not Dead» y «The Wild Ones» tenían líneas de bajo que eran hermosas y conmovedoras por derecho propio, y la forma de tocar de Mat era un aspecto absolutamente fundamental del sonido y la sensación de aquellos primeros temas.

El primer bolo de Simon con nosotros seguramente fue en el Rock Garden. Creo que posiblemente se tratara de uno de esos locales «paga-por-tocar» en los que se explotaba a grupos jóvenes desesperados para que pusieran pasta para sus propias actuaciones y poder darse a sí mismos un fino barniz de visibilidad. No recuerdo gran cosa acerca del concierto en sí. Doy por supuesto que el público nos acogió encogiéndose indiferentemente de hombros, igual que a los demás, pero al menos ahora teníamos la sensación de que íbamos a alguna parte. A alguna parte que nos pertenecía por derecho propio.

Por cierto, el Ricky que trabajaba con Simon en la ULU era Ricky Gervais. Os entristecerá saber que no tuve demasiado que ver con él en ese momento. De hecho, la fuente más indicada para esta clase de batallitas es Simon. Seguramente he coincidido con él más veces desde que los dos tuvimos éxito que antes, y siempre se ha mostrado generoso y encantador hasta decir basta, y también, como es natural, muy jocoso, comentando a menudo que se alegraba de que yo «nunca engordara». La única vez que nuestros caminos se cruzaron de verdad fue durante la era oscurantista de comienzos de los noventa, cuando teloneamos a su grupo —Son of Bleeper— en alguna fiesta universitaria con escasa asistencia. Espero que no le parezca injusto que diga que en retrospectiva me pareció una versión divertida de David Brent[32] con el agravante de algunas canciones verdaderamente estomagantes. Una de ellas en particular tenía una letra que se me quedó en la cabeza durante años. Decía algo así como «lo que Johnny quiere hacer es lograr que su guitarra cante blues», cantado con una especie de tono gutural, neoamericano, de mono azul y barra de bar. Creo que el momento de genialidad de Ricky llegó cuando se dio cuenta de que la fuente de comedia más abundante que tenía a su disposición era, en realidad, él mismo.

32. Personaje del falso documental de la BBC *The Office* interpretado por el propio Ricky Gervais. [*N. del T.*]

9

En algún momento a comienzos del año 1991, mientras ocurría todo esto, Justine había conocido a otra persona. La magia y la emoción habían quedado deslustradas por el trajín de la familiaridad, la rutina y las frustraciones del fracaso. Éramos jóvenes y no estábamos unidos por vínculos familiares, y supongo que había vislumbrado lo que consideraba como una vida mejor para ella. Es posible que, al igual que mi padre antes de mí, me hubiera dejado arrastrar a una cómoda indolencia; mi ridícula idealización del romanticismo de la holgazanería y mi rechazo de la ambición debían de hacer que la vida conmigo fuera ligeramente aburrida. Si la gente lo que quiere es desternillarse, chotearse y que admita que me quedé hecho polvo, pues sí, reconozco de buen grado que así fue. Lo único que en realidad me había mantenido entero tras la muerte de mi madre era el aglutinante de nuestra relación, y verme de repente despojado de ella dejó aún más al descubierto la herida sangrante de la pérdida, y la atrocidad y crueldad de todo ello me dejó tambaleándome y exangüe. Puede que a la gente le resulte extraño que un joven de veintitantos años pueda dejarse afectar tanto por algo tan previsible como una ruptura amorosa. Yo mismo me lo pregunto a veces. Supongo que emocionalmente seguía siendo una persona frágil, pero ferozmente leal a quienes consideraba dignos de mi lealtad. En tiempos de traición, esas ficciones se vienen abajo como castillos de naipes, y de nuevo, al igual que mi padre antes que yo, me quedo por los suelos, quebrantado y tratando de aferrarme desesperadamente a los espectros de mis fantasías. Era joven y la primera vez que estaba enamorado, y cuando esa vertiginosa embriaguez se acaba, el descenso se hace muy pero que muy largo. La ruptura fue terrible, horrible incluso, llena de interminables y tirantes llamadas de teléfono y noches largas y llenas de lágrimas que se fundían con solitarias mañanas negras como el carbón mientras trastabillaba y me agarraba donde podía. Tendría que haberme marchado tranquilamente, pero nuestras vidas habían llegado a estar tan entrelazadas que parecía imposible. Así que durante un tiempo nos las apañamos como pudimos, unidos por un amargo nubarrón de recriminación, frustración y traición, con toda la alegría y la armonía de nuestra vida anterior horriblemente convertidas en su contrario, hasta que un día ya no pude soportarlo más, recogí mis cosas, llamé a un taxi y me marché, dejando atrás algunas camisas y algunos viejos anuarios de *Popscene* que había encontrado en una tienda de segunda mano.

Creo que durante enormes trechos de la vida de un hombre joven, este se siente un poco como George Bone, el protagonista de *Última resaca*, la novela de Patrick Hamilton: excluido y rechazado, siempre en los márgenes de la aprobación, cruelmente vedado el acceso al suave y sutil universo de lo femenino, cuyos placeres permanecen atormentadoramente fuera de su alcance. Este era el panorama frío, duro y sin amigos al que había regresado mientras lidiaba con mi ignominiosa degradación y volvía a recorrer fatigosamente los pavimentos familiares y llenos de mierda de perro de mi vida de soltero. Si me viera obligado a utilizar terminología clínica, yo me describiría esencialmente como una persona codependiente, un romántico que busca realizarse a través de los demás y de la fantasía, y que curiosamente nunca se siente del todo completo estando solo. Es posible que este defecto mío, este desequilibrio, sea el motor que suele propulsar mi constante necesidad de componer canciones, con lo que se cumple así el viejo cliché acerca de buscar la perfección en el arte cuando en la vida no existe. Sin duda, estos enormes cambios en mi vida empezaron a manifestarse sutilmente en la persona en la que me estaba convirtiendo, y en cuanto el dolor se atenuó acabé por asimilar la pérdida en forma de una feminidad manifiesta que exploré como estilo durante las primeras oleadas de éxito. La gente lo interpretaría como una especie de falso rollo gay o un guiño al glam de los setenta o algo igualmente aburrido, pero retrospectivamente estoy convencido de que intentaba sustituir la presencia femenina en mi vida con un sucedáneo de mi propia cosecha. Sonará estrambótico y alucinado, y, como es natural, causaba una impresión estridente y algo más que levemente ridícula, pero en el fondo, al igual que sucedía con tantas cosas que tenían que ver con la sensibilidad Suede, era una manifestación de dolor. Cuando estuvimos juntos, yo me había sentido completo, pero al enfrentarme al abismo del vacío en que quedé sumido por la muerte y la pérdida, me sentí absolutamente desequilibrado y necesitado de compensación. Visto desde la perspectiva del presente, suena débil, empalagoso y un tanto patético. No estoy orgulloso de la forma en que lidié con aquello, pero fue una época confusa, y emocionalmente seguía estando en carne viva, así como, en muchos aspectos, sin formar como persona. La idea de sustituir a las personas por gesticulaciones y por cosas nutrió algunas de esas primeras canciones. Un tema como «Dolly» tenía mucho que ver con proyectar emociones sobre un objeto, en este caso un maniquí, idea inspirada en parte por la célebre y retorcida anécdota de Phil Spector, que insistía en que su mujer condujera acompañada por un muñeco que se le pareciera. Muchos años después, la película *Lars y una chica de verdad* trató el tema de forma muy brillante e ingeniosa, y su origen en la música pop seguramente reside en esa temprana canción de Roxy Music, pero en aquel momento, pese a lo que pueda pensar la gente, yo no era consciente de ello.

Me mudé a un piso situado en una primera planta de un edificio ruinoso de fachada estucada que estaba en Moorhouse Road, en ese pequeño enclave ubicado entre Notting Hill y Bayswater que los agentes inmobiliarios ahora llaman Artesian Village, una parte de Londres en la que iba a quedarme durante los veinticinco años siguientes. Ahora es una zona lujosa y adinerada, impregnada del discreto silencio del dinero y el privilegio. A comienzos de la década de los noventa, muchos años antes de que Hugh Grant y Julia Roberts lograran que se revalorizasen, las hileras de descoloridos y otrora prósperos adosados victorianos estaban llenas de casas desiertas y con las ventanas cubiertas por tablones, oscuras y vacías, como dientes que faltan; en lugar de boutiques, Westbourne Grove estaba lleno de tiendas benéficas como Sue Ryder y Cancer Research, y el único café que se podía tomar era café en polvo. Mi viejo amigo Alan Fisher había terminado aburriéndose de vivir en Brighton, y como en el pisito había espacio suficiente para dos camas, se mudó conmigo y costeaba la mitad del irrisorio alquiler. A pesar del fregadero de metal barato y de las paredes desconchadas, aquel piso me encantaba, y me puse manos a la obra en la tarea de decorarlo con las baratijas que compraba en la parte cutre del mercado callejero de Portobello, cerca de Golborne Road. Lo llené de imágenes y de recuerdos: fotos irónicas al azar de estrellas de pop de los años setenta y viejas portadas de discos; también colgué abalorios de vidrio antiguos de los dinteles de las puertas y coloqué un burro surrealista de plástico negro y aspecto renqueante en el balcón. Encontramos la mayor parte de nuestro mobiliario en la calle, pues la gente solía dejar sus cosas tiradas junto a los contenedores de la iglesia de la esquina, y Alan tenía una tortuga acuática que vivía en la bañera. El piso estaba bañado por la cálida luz que desprendían unas bombillas de color rojo, y había objetos baratos varios, montículos de libros mohosos de segunda mano y pilas de elepés viejos por todas partes. Encontramos a un gato negro abandonado y lo bautizamos como Meisk. Tenía pulgas, que infestaron el piso de tal manera que si ponías la mano encima del suelo de madera, se iba ennegreciendo lentamente a medida que se congregaba el ejército de minúsculos cuerpecitos. Un par de años más tarde, mientras yo estaba de gira en Estados Unidos, el gato se perdió. Llamé a Alan desde una cafetería de Wisconsin para preguntarle cómo iba todo, y me dijo que todo iba bien, salvo que el gato había desaparecido durante un par de días y había vuelto «un poco más peludo». Fruncí el ceño, pero no volví a pensar en ello hasta que por fin regresé a Londres, sucio y agotado de la gira, y me encontré a un gato completamente distinto tumbado en la cama. A Alan le había entrado el pánico y había sustituido a Meisk por el primer gato que había visto en la calle que se le parecía remotamente. Finalmente descubrí dónde lo había secuestrado y lo devolví, pero Meisk se había escapado, y su cuerpecito elegante y negro y su máscara de intensa indiferencia se habían perdido para siempre en las hostiles calles londinenses.

Alan y yo nos obsesionamos con las primeras películas de Mike Leigh y cosas como *El realquilado* de Orton, y sobre todo con *Performance*, de Nic Roeg, que se había rodado en Powis Square, al lado de casa; la veíamos sin parar, nos aprendimos todos los diálogos, y disfrutábamos de los paralelismos con los extraños personajes marginales de la película, que vivían en otra casa extraña y en descomposición de Notting Hill. En el piso de arriba vivía un artista —Anish Kapoor antes de triunfar—, y el piso que estaba encima del suyo estaba ocupado por un fibroso skinhead gay llamado Kevin, duro como el acero pero cariñoso, amable y fiel a sus amigos a muerte. Tanto él como su novio murieron de sida pocos años después, y escribí la letra de «The Living Dead» pensando en ellos, tratando de extraer un poco de poesía de la pugna que había sido su pacto narcótico.

A Alan lo conocía desde años atrás, y siempre me había encantado su encanto nervioso y travieso, así como su espíritu hedonista poco menos que implacable. Nos hicimos muy íntimos a medida que íbamos dando vueltas por las fronteras del oeste de Londres vestidos con abrigos de piel falsos y pantalones sin lavar. Aproximadamente un año después, me inspiré en él tanto para escribir «High Rising» como «The Big Time», y desempeñó un papel inmenso en mis bocetos idealizados del universo marginal londinense en la mitad de los temas de *Coming Up*. De distintas maneras, tanto «The Big Time» como «High Rising» pretendían ser tristes despedidas de él. La primera era un análisis un tanto despiadado de las divisiones creadas por el éxito y la ambición, pero «High Rising» pretendía ser más tierna, una canción nacida de las innumerables mañanas en las que me tenía que levantar temprano y coger aviones, cuando al despegar de Heathrow y sobrevolar Londres solía mirar hacia abajo por la ventanilla e imaginar a Alan despertándose y saludándome con la mano desde el caótico desorden de nuestro pisito. *Withnail y yo*[33] constituyó inevitablemente una piedra de toque para nosotros, y la bella y conmovedora escena final en el zoo de Regent's Park fue un punto de inspiración para ambas canciones. Las interminables noches llenas de humo sentados en torno a mesas acristaladas a mediados de los años noventa, así como el desfile de los estrambóticos y extraordinarios amigos que comenzamos a tener conformó directamente la letra de «Beautiful Ones» cuando intenté captar la locura y la diversión despistada y voluble de aquellos tiempos. Las interminables «mañanas siguientes» y su sensación de camaradería aislada y la negativa a interactuar se convirtieron en los cimientos de temas como «Lazy»

33. Comedia negra británica filmada en 1987. Escrita y dirigida por Bruce Robinson, estaba basada en la vida de este en Londres a finales de la década de los sesenta. [*N. del T.*]

mientras los dos avanzábamos a trompicones y nos tambaleábamos entre los desperdicios de la noche anterior. Por citar a Ariel Levy: «Teníamos unas resacas brutales..., pero las teníamos juntos». Empezamos a fumar unos cigarrillos de clavo de olor dulce que se llamaban Caravan. Eran de color marrón oscuro y crepitaban mientras se consumían, inundando el piso con su delicioso y empalagoso aroma. Los ansiábamos y bajábamos a todas horas al único sitio que los vendía, un pequeño estanco que estaba muy cerca de Tottenham Court Road, otra de mis paradas habituales cuando iba y venía por la línea Central. Alan trabajaba en un *fish and chips* de Surrey, y se levantaba de la cama en torno al mediodía, llegaba a la estación de Victoria, se subía luego a un tren y se pasaba la mayor parte del día y de la noche inclinado sobre una freidora industrial, tras lo cual volvía al piso en torno a la medianoche apestando a bacalao frito. Después de cubrirse de aftershave salíamos por ahí; íbamos a dar vueltas por All Saints Road intentando pillar hachís o a veces a una estrambótica bodega nocturna austriaca llamada The Tiroler Hut, en Westbourne Grove, que servía *fondues* de queso y Jägermeister hasta las dos de la madrugada. Alan había trabajado duro y había ganado algo de dinero, así que se compró un viejo Daimler vintage gris metálico de los años sesenta en el que traqueteábamos por ahí sintiéndonos como los hermanos Kray. Por desgracia, era un pésimo conductor. Nunca quiso contarme si le habían dado el carné o simplemente utilizaba el de su hermano gemelo. En cualquier caso, subirse a un coche con Alan podía ser arriesgado. En cierto momento logró que le declararan siniestro total tres coches en tres semanas antes de que finalmente se diera por vencido y volviéramos a ir a todas partes en metro. Los viajes por autopista con él podían ser aterradores. Recuerdo encontrarme sentado en el asiento del copiloto una mañana fría y brumosa, ambos un poco perjudicados después de haber tocado en un baile estudiantil en Cambridge. Había grandes camiones rugiendo y adelantándonos mientras hacían sonar los cláxones y nosotros zigzagueábamos y nos tambaleábamos cerca del arcén; mientras Alan temblaba, parloteaba y hacía muecas a la vez que encendía un Caravan tras otro, yo intentaba desesperadamente mantenerlo concentrado a él y a ambos con vida. Dado que soy masoquista y evidentemente tengo una memoria de pez, cuando a finales de los años noventa gané algo de dinero me compré un coche bonito, y como no tenía carné necesitaba un chófer, así que le di el empleo a Alan. Creo que duró un día antes de que contratara a un profesional.

Siempre había una estrafalaria colección de personajes merodeando por el piso que nos seguían a todas partes o a los que invitábamos a venir a casa cuando cerraban todos los locales: balas perdidas de las antípodas, *au pairs* suecas de veintitantos años o, a veces, los ocupantes ligeramente deteriorados y frágiles de las viviendas de protección oficial del extremo de la calle. Nos quedábamos tirados charlando y fumando, escuchando «The Bewlay Brothers» hasta altas horas de la noche, y a veces yo sacaba mi vieja Aria Elecord y los obligaba a todos a soportar versiones de «That's Entertainment» o «A Day in the Life». Nuestra amiga Tamzin Drew, que casualmente también había estudiado en Oathall, se dejaba caer con frecuencia por ahí y se sentaba en distintos puntos del piso, como un silencioso fantasma victoriano, hablando con el gato o haciendo bocetos de nosotros para una de sus preciosas ilustraciones surrealistas. Nuestro amigo Laurie, un jipi adorable que quizás se hubiera tomado muchos más ácidos de la cuenta, también solía presentarse, descalzo y con los ojos desorbitados, rebosante de historias y teorías extraordinarias. Todo seguía siendo bastante tierno e inocente; aquella locura dulce, leve y voluble me ayudaba a anestesiar los dolores gemelos de la separación y del duelo hasta que todo el mundo se marchaba a su casa y la desoladora noche volvía a cerrarse en torno a mí.

El piso de Moorhouse Road se convirtió en cierto modo en un elemento clave de la creación del primer álbum. Todo estaba roto, mugriento y era de segunda mano, pero era a la vez mágico y encantador, y poco a poco aquella fascinante dualidad de elegancia desvaída y áspera y cruda pobreza comenzaron a impregnar lo que estaba escribiendo y la visión que estaba creando para el grupo. Se convirtió en una especie de microcosmos de nuestro mundo exterior, un escenario cutre y maravilloso en el que se representaban muchos de los dramas pringosos y chabacanos que inspiraron aquellos primeros temas. Todos los estrambóticos amoríos de borrachos y los momentos inverosímiles, las horas inmóviles con los ojos mortecinos observando las lentas manecillas del reloj: todo ello nutrió el mundo en torno al cual estaba escribiendo y se hizo igual de importante que cualquier grupo o álbum al que más tarde se aferrara la prensa. Es curioso cómo los medios casi siempre evitan mencionar estas inmensas influencias personales, aunque se entienda, ya que quedan fuera de su ámbito de referencia. No obstante, es importante reconocer cómo amigos o amantes o ciudades o calles o un piso en el que una vez viví tuvieron tanta influencia sobre mis canciones como movimientos enteros del rock.

Mientras Alan trabajaba friendo patatas, yo empecé a pasar cada vez más tiempo con Bernard, y acabamos haciéndonos muy amigos. La verdad es que nunca me había gustado estar con grandes grupos de gente —me aturde, me intimida, hace que me apague, y por alguna razón me impide ser yo mismo—, pero cuando estoy con una sola persona soy capaz de abrirme y relajarme. Creo que tanto Bernard como yo somos de esa clase de gente a la que le resulta más fácil comunicarse de ese modo, así que, lejos del centro de atención de las jerarquías sociales del grupo, y ahora que yo estaba soltero, había más espacio, y nos sentimos más libres y más tranquilos juntos. Tras la máscara quisquillosa que a veces lucía, emergió un chico afectuoso y considerado que me ayudó amablemente a recomponer los pedazos de mi universo fracturado. Para ser sincero, me cuesta hablar de mi «relación» con Bernard. Años después, cuando volvimos a juntarnos en The Tears, se convirtió en un tema tan irritante e invasivo que parecía dominar todas las entrevistas con su presencia acechante y molesta, y no creo que yo pueda añadir nada a la montaña de contradicciones y desinformación. Mientras que nosotros solo queríamos hablar de las canciones que habíamos compuesto y del álbum del que nos sentíamos orgullosos, todos los demás simplemente estaban obsesionados con el culebrón de nuestra historia personal, como si se tratara de una especie de artículo de portada aburrido, cotilla y para consumo adolescente del *¡Hola!* indie. Al igual que sucede con cualquier par de personas unidas por el crisol del trabajo y el éxito, se dan tensiones y frustraciones, pero también tiene que haber amor, respeto y auténtica cordialidad. De hecho, hay pocas dudas de que los roces sean fundamentales para que un equipo de composición decente funcione, y de que los vaivenes, las disputas, las incitaciones y el sentido de desafío intrínseco son un aspecto esencial de su química, y que cada una de las partes tiene que asumirlo como parte del pacto y aprender a lidiar con ello. Incluso ahora, casi treinta años después, y dado que soy un autor de relativo éxito con décadas de experiencia, el proceso de grabar un álbum sigue siendo un calvario que pone a prueba los límites de las relaciones interpersonales entre yo y la gente con quien lo grabo. Uno puede encontrarse proyectando sus frustraciones sobre los demás o culpándolos infantilmente de sus propios fracasos e inercias, hasta que se da un toquecito en el hombro a sí mismo y recuerda que el fracaso y la inercia son puntos en el camino, y que el reto consiste siempre —repito, siempre— en un reto interior. En ese aspecto, mi relación con Bernard no era nada distinta: es solo que en cierto momento los focos mediáticos que había sobre nosotros llegaron a ser tan intensos que fue magnificada, y bajo esa luz despiadada, los cismas mutaron y quedaron distorsionados. Éramos demasiado jóvenes para darnos cuenta de que los roces no eran «personales» en absoluto, sino un mero subproducto del proceso creativo, y éramos demasiado ingenuos como para saber lidiar con ellos. Lamentablemente, a medida que los medios fueron metiendo el dedo en la llaga de esa manera tan despreocupada e irresponsable que les es propia, aquello acabó desembocando en la implosión y en el colapso, pero yo solo tengo memorias luminosas y afectuosas del tiempo que Bernard y yo pasamos juntos durante los primeros años. Sí, se produjeron los habituales silencios y malos humores que pueblan el itinerario de toda creación, pero en aquel momento, antes de que los prismas distorsionantes del éxito y el dinero nos marcaran para siempre, quisiera pensar que fuimos amigos. Es obvio que siempre hemos sido dos personas muy diferentes, pero puede que no tanto como la gente cree. En mi experiencia, cuando hay rumores de alguna clase de drama entre los miembros de un grupo, quienes están fuera del círculo íntimo proyectan automáticamente lo que creen saber acerca de esos roces sobre el significado de las canciones, e interpretan las letras a través de ese prisma. He leído en infinidad de ocasiones que esta o aquella canción va «sobre» Bernard porque «podría» contener un elemento que «pudiera» estar relacionado con la dinámica de nuestra relación, cuando en realidad la canción casi siempre tiene unos orígenes completamente distintos y muchos más velados. En la década siguiente vi cómo sucedía algo parecido con The Libertines, cuando todo lo que leía acerca de ellos desembocaba en el turbulento romance de sus personalidades entrelazadas, y estoy seguro de que, como fue el caso con nosotros, la mayor parte de todo aquello era completamente ficticio. Sin embargo, entiendo perfectamente lo importante que es la historia de fondo para mucha gente, que la intriga y los rumores impregnan la música de sustancia y de peso y la revisten de un velo seductor. Es igual de importante recordar que todo es subjetivo y que no existen verdades absolutas, ni siquiera para el escritor.

Íbamos y veníamos constantemente por la línea Central a casa de Bernard en Leyton, o él se acercaba a Notting Hill y escuchábamos música, tramábamos y planeábamos, y todo eso nutría las canciones que habíamos empezado a componer. En aquel momento, cuando seguía estando terminalmente pasado de moda, yo estaba pasando por una etapa de redescubrimiento de Bowie y me obsesioné con la letra de «Quicksand», sobre todo por la mención de «el poder», que comenzó a ser algo que interpretaba como la escurridiza clave de la composición; recuerdo haber estado sentado en el suelo delante del radiador eléctrico de tres barras del piso de Bernard una gélida tarde parloteando sin cesar al respecto. No estoy seguro de que Bernard estuviera tan versado en la obra de Bowie como yo, pero se enamoró de ella, y se convirtió primero en la música, y más tarde en la camisa de fuerza que, junto a los Smiths, íbamos a utilizar como referencia y para definirnos en un primer momento.

Se debió, por supuesto, a un complejo cruce de acontecimientos, pero en lo que a mí se refiere, el motor de cambio singular más importante, aparte de la creciente química del grupo y de nuestra evolución como compositores, fue el hecho de quedarme soltero. De haber permanecido dentro de mi burbujita mórbida y agradable, es probable que Suede nunca hubiera existido, sin duda, al menos no de algún modo significativo. De joven tenía tendencia a un estado de cómoda lasitud, y tuve que pasar por esos cambios sísmicos para superar aquello y expresar la sensación de pérdida y rabia que tenía y poder dar un paso al frente y empezar a igualar la calidad de lo que Bernard llevaba ya un tiempo haciendo. Siempre he rendido al máximo como artista cuando me he enfrentado a la adversidad, cuando me he visto obligado a rebelarme contra algo o a superar un obstáculo. Siempre que he encontrado las cosas demasiado fáciles, he tendido a desconectar y a producir trabajo anodino. Aunque sea aburrido, seguramente estoy circunscrito por los trillados parámetros del arquetipo del «artista atormentado», que necesita ir en busca de tensiones y roces como catalizador imprescindible para la creación. Los mazazos del dolor y la pérdida del amor crearon en mí el entorno perfecto, y como las bacterias de una placa de Petri, todo aquello empezó a crecer y a convertirse en algo fascinante. Lo cierto era que antes de ese suceso mi escritura aún no había adquirido forma ni tono alguno, ni tampoco ninguna personalidad real. Tenía una sensibilidad vagamente orientada a documentar una especie de estilo de vida romantizado de «hermoso fracasado»: canciones flojas como «She's a Layabout» y «Natural Born Servant» idealizaban la vida de la gente que vivía del paro, así como la inacción y las tardes desperdiciadas viendo culebrones australianos, pero carecían todavía de la poesía, la destreza o el ingenio necesarios para retratarla como algo más que un estereotipo. En retrospectiva, creo que intentaba infundir cierta sensación de elegancia y dignidad a los orígenes humildes de mi familia. Siempre me entristeció que mis padres y que los suyos antes de ellos hubieran vivido y muerto encerrados en las cuatro paredes grises de la pobreza, y estaba desesperado por dotar de significado nuestro andrajoso universo de ropa de segunda mano, comidas escolares gratuitas y empleos sin futuro carentes de sentido. Era el fruto de un esnobismo invertido, de un elitismo seguramente heredado de mi padre, a través del cual consideraba los parámetros sociales en los que había nacido como algo a celebrar. En fin, ¿acaso tenía otra elección? Parecía poco probable que fuera a librarme de ellos en un futuro inmediato. Por desgracia, aquellas letras simplemente creaban una impresión de vaguedad y de leve amargura, y como no tenía un dominio apropiado de la melodía, estaban desprovistas de toda presencia o impulso real. Sin embargo, atemperadas por los sufrimientos de la pérdida y el caos de la sublimación, todas estas nociones comenzaron a plasmarse en algo permanente, y se vieron impregnadas de pasión y de una sensación de dramatismo. De repente, y de un modo maravilloso, las canciones comenzaron a aparecer. Otro paso de gigante para nosotros también fue el que supuso, a falta de mejor expresión, la eclosión del sexo en nuestras composiciones. No me refiero necesariamente a alusiones seductoras y salaces en las letras, sino a algo que estaba en el centro mismo de la música: los ritmos violentos, las partes de guitarra primarias y mi forma de cantar, cada vez más impetuosa. Cuando escucho las maquetas de aquellas primeras canciones como «Natural Born Servant» o «So Liberated», la forma más precisa de definirlas que se me ocurre es «asexuada». Parece música hecha por vírgenes: no tiene nada de carnal ni de perturbadora, no es apasionada ni es visceral y toda ella da la impresión de ser deliberadamente farragosa y flácida. El momento en que Bernard y yo comenzamos a indagar en lo más profundo de nuestro ser y a acceder a deseos primarios como la ira y el odio y la lujuria fue el momento en que realmente crecimos como compositores. Un día fui a casa de Bernard en Leyton, y tras hacerme pasar me tocó emocionadamente una maqueta. Empezaba con un violento y tribal patrón de caja de ritmos, seguido por unos bloques de guitarra punzantes, casi glam. Nos miramos el uno al otro y creo que los dos supimos que algo había cambiado. Volví corriendo a casa con la casete y me pasé todo el día y toda la noche escribiendo; al llegar la mañana teníamos «The Drowners», la canción que estaba, en cierto modo, destinada a cambiar las vidas de todos nosotros. Recuerdo estar sentado fuera del balcón de Moorhouse Road fumando y aporreando sin parar las teclas de mi vieja máquina de escribir portátil cuando Alan llegó a casa, y me precipité sobre él sumido en un frenesí de emoción y poniéndole la letra orgullosamente ante las narices, sabedor de que habíamos descubierto algo especial. «The Drowners» nunca «tuvo que ver» realmente con la separación, signifique eso lo que sea, pero «Pantomime Horse», «To the Birds», «He's Dead», «Moving» y un montón de otros temas fueron arrancados de esas mañanas negras como el carbón, nacieron de esos pozos de reflexión y remordimiento. Y cuando ahora vuelvo la vista atrás, valió absolutamente la pena, a medida que la sabiduría contenida en la célebre cita de Michael J. Fox acerca del carácter temporal del dolor fue revelando lentamente su verdad. Aquellas no eran canciones flojas y desentonadas acerca de la nada; eran imponentes y apasionadas, rebosaban elegancia, dramatismo y violencia. De repente, todo comenzó a tener sentido; el fracaso y los celos amargos e insistentes se iban vertiendo sobre las canciones que escribía y las nutría de una estructura narrativa y un propósito. Sentí que por fin habíamos encontrado «el poder».

«The Drowners» era deliberadamente oblicua, pero jugaba con algunos de los temas de la ambigüedad que estaba desarrollando y estaba enmarcada en un mundo muy familiar de relaciones agonizantes y en quiebra. Se basaba vagamente en el tiempo que pasé con una chica canadiense a la que había conocido y que se llamaba Laura. Vivía en una casa okupa que estaba justo enfrente de Victoria Park, en Hackney, una casa en ruinas enorme que en la actualidad seguramente vale millones, pero que a comienzos de los noventa olía a comida para gatos y pachuli, y que estaba infestada de tribus de chicas siniestras que llevaban Doc Martens y medias a rayas e iban hasta las orejas de *speed*, así como de costrosos que arrastraban los pies y llevaban aros en la nariz. Como compañía, Laura era fascinante, si bien a veces saturnina, y disfruté de las interminables horas que pasé en su misteriosa y en ocasiones brujeril presencia, de su sombrío mundo de encaje, cartas del tarot y discos de Hole. El estribillo de la canción que decía «*taking me over*»[34] fue la primera vez que de verdad había dominado el poder del «gancho» vocal, ese *mot juste* de sonoridad infantilmente sencilla que puede llegar a ser tan escurridizo, pero que bien vale la pena perseguir.

Así era Londres a comienzos de los noventa; no tenía nada que ver con el popular mito revisionista *Cool Britannia* que la mirada mediática retrospectiva ha proyectado tan simplistamente sobre el conjunto de esa década. Según una popular teoría, las «décadas» solo se ponen en marcha cuando ya van por la mitad, y los noventa no fueron ninguna excepción. Sus primeros años, al menos, habían dado la impresión de ser una resaca de los ochenta: el universo deprimente y conservador de John Major, el paro, la cerveza de oferta y los grupos musicales prefabricados e irrelevantes. La chispa y las promesas de los años ochenta se habían desvanecido hacía mucho tiempo ya, y la macabra fantasía de «champán y rascacielos» se había visto retorcida hasta convertirse en una desoladora tierra de nadie de endebles cabinas telefónicas, logos feos y hombres desesperados vestidos con trajes baratos. Nada parecía funcionar adecuadamente, y todo estaba pintado del mismo color magnolia. Hasta las partes más salubres de Londres parecían fatigadas y desgastadas, espolvoreadas con una fina pátina de mugre, y el resto de la capital producía la misma sensación que

34. «Apoderándose de mí». [*N. del T.*]

un parking o una sala de espera. Culturalmente, el panorama era igual de yermo: los grupos que definían a una generación se habían extinguido temporalmente, lo que había creado un vacío que fue ocupado por un vertedero de música de baile anodina y carente de personalidad, así como un pop despojado de carisma. Hasta la movida alternativa se había quedado sin ideas mientras los semanarios de la prensa musical hurgaban en busca de algún punto de apoyo después de que el rollo *baggy* y el *shoegazing* hubiesen hecho implosión y abortado de un modo tan espectacularmente insignificante. Ese era el mundo contra el que yo estaba reaccionando y que a la vez documentaba. Siempre se dio una extraña danza entre esos dos polos, y cualquier «glamur» que contuvieran nuestras canciones pretendía ser un glamur escapista, desde luego no una especie de aburrido e irónico homenaje a la década de los setenta, sino ubicado firmemente en el lugar del que huían sus habitantes: las habitaciones alquiladas, las aceras llenas de basura y el sordo palpitar de la resaca de la noche anterior.

El tema «He's Dead», sobre todo, me recuerda aquellos años desesperados y ansiosos. Mientras que prácticamente todo lo demás surgió de la misma manera —conmigo escribiendo letras para las incipientes ideas musicales de Bernard—, aquella canción fue, de manera atípica, algo que había empezado yo, deslizando una especie de acorde en forma de fa bemol arriba y abajo de los trastes, pero dejando sonar al aire y resonar las dos cuerdas de arriba, mi y si. Era algo sencillo pero eficaz, e insinuaba algo reflexivo y turbio, así que escribí una letra sobre la depresión en el marco de un universo hostil y poco amigable de rotondas y casas okupas. Después de dejar la universidad había empezado a cobrar el paro, y todas las semanas cogía el metro hasta Edgware Road y caminaba fatigosamente hasta la oficina de Lisson Grove, donde hacía fila con mi ropa de segunda mano y los funcionarios me sermoneaban y me acosaban a cambio de unas cuantas libras semanales. «He's Dead» tenía como claro trasfondo ese lóbrego panorama: la llovizna, las medianas, la sensación del pavimento frío en los calcetines. La música siguió siendo demasiado simplista hasta que Bernard compuso una parte de guitarra sobrecogedora: enmarañada, retorcida, serpenteante y con un aire casi oriental, transformó por completo la canción y la convirtió en una bestia furtiva y acechante que acababa fundiéndose en un aterrador torbellino de ruido furibundo. Creo recordar que Bernard y yo compusimos «Moving» y «Pantomime Horse» el mismo día, o al menos con muy poco tiempo de intervalo. «Moving» era una canción fantástica para tocar en directo que una producción horrible acabó arruinando en el estudio, pero su núcleo contenía una diatriba palpitante y violenta inspirada por el hecho de ser arrancado de una vida y embutido en otra nueva. Siempre he disfrutado jugando con palabras homófonas y me encantaba el doble sentido del título[35]. La palabra *lassoing* («echar el lazo») procede de un momento en el que, impulsado por una creciente confianza en mi capacidad como letrista, una noche reté en broma a Alan a que se le ocurriera una palabra rara que pudiera meter en la canción con calzador, y así fue. En la dinámica del tema también se percibe la confianza de Bernard: la manera en que invirtió hábilmente la dinámica calma/ruido estándar del grunge contemporáneo hasta transformarla en

35. *Moving* significa literalmente «moviéndose» y «conmovedor». [*N. del T.*]

su opuesto y lograr que la letra fuera frenética y que el estribillo fuera abierto y espacioso. Me remuerde amargamente el hecho de que en el estudio fuéramos demasiado ingenuos para resistir la tentación de añadirle un horrible *phasing* a la pista en ese momento, lo que hizo que la versión del álbum fuera débil y efectista. «Pantomime Horse» sigue siendo una de las mejores canciones de Suede de todos los tiempos. Cuando Bernard me tocó la música por primera vez, lo hizo en un compás distinto, y creo que mi sugerencia de que le diéramos un compás de vals 6/8 estuvo inspirada en «That Joke Isn't Funny Anymore» de los Smiths. En cualquier caso, funcionó, y me dispuse a escribir una letra levemente autocompasiva que fuera *in crescendo* hasta desembocar en un desenlace salvaje y apasionado. El grito final, «*have you ever tried it that way*[36]*?*», surgió del tormento de los celos sexuales, pero también pretende ser una interrogación indagadora y arrebatada acerca de la clase social, la pobreza y los privilegios.

Me encanta «To the Birds», su intro de guitarra y bajo en bucle, enérgico, casi a lo Philip Glass, así como la forma en que cambia y asciende hasta alcanzar su imponente coda. Es una canción sobre la superación de la pérdida y la soledad con una especie de motivo a lo «I Will Survive», y tiene como telón de fondo la ruptura sentimental, conmigo en el papel un tanto melodramático de trovador abandonado subido a un balcón sin más público que las palomas. Las connotaciones coloquiales de la palabra *birds*[37] no me pasaron desapercibidas, pero siempre me ha encantado hacer malabarismos con los matices de significado. Para

36. «¿Alguna vez lo has probado así?». [*N. del T.*]
37. Equivalente a «tías» en castellano. [*N. del T.*]

mí una gran parte de la savia de una canción tiene que ver con la interpretación subjetiva, sin la cual no sería más que un cadáver, como un espécimen tras un cristal, una mariposa metida en una vitrina polvorienta. Ahora que estoy aquí sentado compartiendo mis recuerdos acerca de estos temas, soy consciente de la paradoja, pero mi propia interpretación no es absoluta, sino un mero punto de partida. Puede que esto suene contradictorio en vista de mi anterior alegato, pero cuando las anima el espíritu apropiado, una de mis actividades favoritas es escuchar lo que otras personas tienen que decir al respecto. Siempre y cuando no dé la impresión de ser un cotilleo o algo absolutista, puede resultar divertido y creativo, mantiene viva la música, y nunca me siento lo bastante cualificado como para llevar la contraria.

Lo curioso es que mientras estábamos escribiendo todas estas nuevas canciones, Justine seguía formando parte del grupo y tocándolas con nosotros. Quizás tendría que haber tenido la sensación de que aquello era una especie de victoria retorcida, pero no fue así. La situación de conjunto se iba haciendo cada vez más insostenible, una extraña mezcolanza de emoción al alza y de tensión palpable a la vez, a medida que intentaba reconciliar y equilibrar la emoción de un despertar creativo con las incómodas y cambiantes banalidades del hecho de seguir trabajando juntos. Hubo un período de unos seis meses en los que seguimos haciendo deprimentes bolos en pubs con ella ante un puñado de gente abúlica. La diferencia era que ahora el material se estaba volviendo incendiario, si bien la reacción que provocaba no lo era. A menudo había más gente en el escenario que entre el público. En un bolo en particular, celebrado en The Amersham Arms, en New

Cross, tocamos para una sola persona: el primo de Simon, Paul. En retrospectiva, parece absurdo, pues a esas alturas nuestro repertorio podía presumir de «The Drowners», «To the Birds», «He's Dead» y «Moving». Cualquier cazatalentos que casualmente se topara con nosotros y que no nos hubiera visto cuando éramos una mierda hubiera pasado de nosotros; seguramente estaría buscando a los nuevos Ride o Chapterhouse, y habría sido incapaz de ver que nuestra energía, cada vez más dramática y provocadora, encajaba cómodamente con las últimas modas. Grabamos una maqueta en un estudio barato del este de Londres llamado Rocking House; versiones sencillas y emocionantes de «The Drowners», «He's Dead», «Moving» y «To the Birds». La misma industria musical que iba a acoger esas mismas canciones con fastuosos y floridos elogios aproximadamente un año más tarde se encogió colectivamente de hombros y miró hacia otro lado para buscar a los nuevos Slowdive. Para entonces, pese a que estábamos que echábamos chispas de frustración, nuestra fe en nosotros mismos había comenzado a curtirse gracias a un sentido acerado de la determinación, así que apretamos los dientes, sabedores de que algún día —algún día— llegaría nuestro momento.

Tocar aquel conjunto de canciones nuevas con Justine todavía aporreando la guitarra rítmica resultaba cada vez más inapropiado. Aparte de la evidente tensión que acarreaba estar en un grupo liderado por su exnovio, también se estaba poniendo cada vez más obstinada y hacía cada vez más preguntas acerca de nuestro rumbo artístico, lo que creó verdaderos roces y cismas entre ella y el resto de nosotros. A ella le encantaba el material más contundente y más punki, pero empezó a aborrecer «To the Birds» y

«Pantomime Horse», así como el resto de temas más elevados y más épicos, en parte porque tenía una perspectiva diferente del grupo, pero también, creo, porque percibía que contenían amargas e hirientes puyas contra ella. Así que la tensión fue aumentando. Finalmente se desbordó; una noche, en el transcurso de una discusión acalorada después de un ensayo, me dijo que no le gustaban aquellas canciones, y yo le respondí que «Pantomime Horse» y «To the Birds» eran exactamente la clase de material que yo quería escribir, y que si no le gustaban se había equivocado de grupo. Unos días después, tras otro bolo vacío y desamorado —esta vez en la ULU de Malet Street—, decidió que ya había tenido suficiente, guardó su Rickenbacker en el maletero del Renault y se desvaneció en la noche por última vez, rumbo a una nueva vida y desapareciendo de la mía por muchos años.

10

Al marcharse Justine, el grupo mejoró. No quiero parecer duro o cruel, pero de pronto surgió una claridad que hasta entonces no habíamos tenido, pues desde un punto de vista puramente sonoro la tosquedad de su guitarra rítmica había embarullado y enturbiado el sonido. Al verse libre de aquello, Bernard se vio forzado a tocar partes más plenas y más robustas, de estilo más pesado y más acorde con el tono violento y belicoso que el grupo estaba desarrollando en directo. Creo que Justine sería la primera en reconocer que su salida desempeñó un papel enorme en nuestro éxito posterior y, por supuesto, en el suyo. Personalmente, su ausencia me permitió quitármela de la cabeza de una manera que hasta entonces no había sido posible, y ahora que había dejado la universidad, su ubicuidad, antaño absorbente e inminente, quedó reducida a un recuerdo; doloroso, sí, pero despojado de la confusión, la vacilación y la tensión que acarreaba su presencia. Ahora Bernard y yo éramos libres de componer como mejor lo hacíamos —instintivamente—, y los dos años siguientes iban a generar lo mejor de nuestro trabajo. En el grupo, la sensación era de mucha mayor unidad cuando nos poníamos manos a la obra, y los cuatro fuimos capaces de establecer vínculos y cuajar de una manera que hasta entonces nunca había sido posible. Y al igual que cualquier grupo medianamente decente, nos convertimos en una pequeña banda: nos protegíamos los unos a los otros y nos profesábamos una lealtad feroz, además de prestarnos mutuamente la ropa y rematar las frases de los demás antes de que hubieran terminado de pronunciarlas. Cancelamos todos los bolos que teníamos previstos y dejamos huérfano a nuestro inexistente público para dedicar meses exclusivamente a componer y a ensayar. Encerrados en Hackney Road, aureolados de humo de tabaco y con innumerables tazas de té enfriándose encima de los alféizares y los amplificadores, poco a poco nos convertimos en el grupo que el público iba a conocer como Suede, y salimos del cascarón parpadeando bajo la luz del día. Teníamos reservado un ensayo en The Premises una tarde, y tanto Mat como Simon estaban enfermos o no podían ir o algo parecido. En lugar de cancelarlo, Bernard y yo nos presentamos ahí para intentar componer algo. Él estaba venga a improvisar con un enmarañado tema arpegiado y yo me puse a cantar sin más, y de una forma mágica, casi como en la escena de «Light My Fire» de la película *The Doors*, hacia el final de la noche habíamos compuesto «My Insatiable One». Al igual que todo lo que yo escribía en aquella época, estaba enormemente influenciado por el dolor de la ruptura, pero esta vez estaba escribiendo sobre mí mismo en tercera persona y desde el punto de vista de Justine, novelando una situación en la que ella lamentaba sus decisiones y en la que el «él» de la letra, de hecho, era yo. Encontré este cambio de punto de vista muy emocionante como escritor, y de pronto me abrió unas perspectivas enormes que comencé a explorar a través de otras canciones en esa época inicial, contemplando el mundo a través de los ojos de las amas de casa, los varones homosexuales y los padres solitarios. Dylan lo había hecho en la que para mí era su mejor canción, «North Country Blues», habitando el personaje de la esposa de un minero del siglo XIX, y a mí me parecía un recurso fascinante y emocionante. Lamentablemente, aproximadamente un año más tarde, cuando estábamos rodeados por un aire de mala fama y de triunfo, hubo quien quiso ver en aquello una forma de turismo social. Dados los niveles reales de turismo social verdadero y cínico existentes en aquella década, en la que grupos de chicos de clase media condescendientes ganaron dinero imitando los acentos y la cultura de las clases trabajadoras, la ironía acabaría siendo exquisita. No obstante, las canciones continuaron fluyendo. Ahora que era el único guitarrista, Bernard comenzó a rellenar las canciones con partes más primarias. Me dijo una vez que se había inspirado, cosa estrambótica donde las haya, en el ritmo de «The Shoop Shoop Song» de Cher, después de oírla en la radio, y que así fue cómo se le ocurrió la cadencia excitante, primitiva y palpitante de «Metal Mickey». Realmente no recuerdo qué papel desempeñé yo en aquello: seguramente le daríamos cohesión en el local de ensayo, donde yo me inventaba melodías y bosquejaba letras en bruto, filtradas por el chillido del *feedback* y por capas de ruido mientras el grupo aporreaba los instrumentos. Me compré un dictáfono barato Sony en el que estaba constantemente cuchicheando ideas. Una vez Mat me llamó «el mayor peligro circulatorio del oeste de Londres», porque iba dando tumbos ciegamente por calles en las que había mucho tráfico murmurando y canturreando en el dictáfono, ajeno a los estribillos de los bocinazos airados y el chirriar de frenos. A decir verdad, la letra de «Metal Mickey» era un poco de usar y tirar, pero encajaba con el subidón gozoso y adolescente de la música. Para ser francos, en parte se trataba de un homenaje al único grupo contemporáneo al que soportaba —Daisy Chainsaw—, que tenían una especie de excitante glamur zarrapastroso propio. La canción tenía como claro trasfondo el universo mugriento y sórdido del circuito indie londinense de comienzos de la década de los noventa: los vasos de pinta de plástico, los deprimentes bolos en los pubs, el fracaso subrepticio y aleatorio. Con el dinero del paro compraba tabaco, comida para gatos, arroz y verduras en el mercado de Portobello, y si me sobraba algo acudía a las tiendas benéficas Oxfam o Sue Ryder a comprar ropa de segunda mano. Como dijo en cierta ocasión y de manera tan brillante el señor Lydon, «la ropa es importantísima de una manera que no lo es», y me encantaban las camisetas de los años setenta y las chaquetitas bomber que podía comprar por unas pocas libras. Además del hecho de ser barata, lo que me atrajo era que nadie llevaba ya aquella clase de ropa, y muy pronto, por un proceso de ósmosis y conveniencia, el resto del grupo comenzó a tomar prestadas mis cosas o a ponerse prendas parecidas. Cuando finalmente tuvimos éxito y comenzamos a infiltrarnos más allá de la prensa musical y a llegar a las revistas de moda, aquella gente pensó que se trataba de un «look» estilizado que habíamos decidido adoptar deliberadamente, una especie de comentario kitsch e irónico. Me daba gran placer contarles entre risas que en realidad era porque éramos muy, muy pobres. Más adelante, Mat lo resumió muy bien diciendo que «todos habíamos limpiado retretes para ganarnos la vida».

Lamento decepcionar a cualquiera que haya pensado otra cosa, pero jamás he sentido ninguna afinidad especial por ningún otro grupo, ni por ninguno de nuestros «coetáneos». Cuando la gente echa una mirada retrospectiva sobre esa década, supongo que nos imaginan brincando alegremente por Camden High Street como parte de alguna jovial camarilla, pero nunca formamos parte de esa fea caricatura con olor a cerveza que definió la segunda mitad de la década. Y gracias a Dios. Yo consideraba nuestra ausencia igual que el hecho de estar al margen de cualquier otra élite: como algo maravilloso y liberador. Sin embargo, en aquel estado emergente, cuando estábamos buscando a tientas nuestra identidad, teníamos la impresión de estar completamente solos, igual que unos exploradores abriéndose camino por el bosque con machetes y salacots. El sentido de «lo británico» que estábamos desplegando en nuestras letras, nuestra música y nuestro estilo era algo emocionante con lo que sentíamos que nos habíamos topado poco menos que por casualidad, y como tal nos producía la sensación de estar siendo audaces, crudos y hermosamente desfasados. Evidentemente, se había filtrado hasta nosotros a través de una sucesión de actos del pasado, pero en 1991, cuando todos los demás grupos que luego intentaron reivindicarlo como cosa propia seguían todavía atrapados en un miserable barullo de *shoegazing* y ropa holgada, nosotros teníamos la sensación de que se trataba de algo nuestro y solo nuestro. Ahora bien, había una diferencia enorme entre lo que yo intentaba hacer con mis letras y lo que hicieron los que vinieron después. Yo nunca celebré el hecho de que fuéramos británicos: simplemente lo documenté. Para mí de lo que se trataba era de reflejar el mundo que veía a mi alrededor, y daba la casualidad de que ese mundo era Gran Bretaña: un mundo envilecido y fracasado que nada tenía que ver con la interpretación inmadura, patriotera y cargada de francos aires de superioridad que llegaría después. A mí siempre me había frustrado que tantas letras de canciones no fueran sino lo que yo llamo «jerga roquera», clichés tomados en préstamo a Jimi Hendrix, Jim Morrison y demás, chorradas carentes de sentido acerca de «elevar el alma», etc., etc. Quería emplear mi propia voz y cantar con mi propio acento acerca de mi mundo, por quebrantado, anodino, zarrapastroso y extraño que este fuera, e intentar hacerlo con cierto sentido de la elegancia y de la poesía. Echando la vista atrás sobre esa década, ahora da la impresión de que aquello a lo que dimos nacimiento en aquellos mugrientos locales de ensayo del este de Londres en 1990 y 1991 acabó por traicionarnos, y, al igual que la madre que descubre a su criatura robándole dinero del bolso, nunca fuimos capaces de volver a verla exactamente con los mismos ojos.

En algún momento por aquella época, Simon salió del armario. Nos lo contó tranquilamente en público mientras bebíamos algo después de ensayar y, cosa desoladora, la primera vez que lo dijo yo no lo oí, y Alan tuvo que mencionármelo algo más tarde, esa misma noche. Siempre he admirado la sosegada dignidad de Simon, y su timidez e inquietud por cómo fuéramos a tomarnos la noticia hizo que pareciera aún más decente. En cuanto me lo contaron, lo llamé inmediatamente por teléfono y lo tranquilicé, diciéndole que no suponía el menor cambio con respecto a nada. ¿Por qué habría de ser de otra manera? No obstante, incluso en los liberales años noventa, las feas semillas de la homofobia seguían madurando, y supongo que Simon se sentía ansioso, pese a que seguramente ya empezaba a empaparse de las letras de las canciones y, con un poco de suerte, comenzaba a sentirse parte de algo que documentaba la marginalidad y el abuso. Puede que aquel fuera mi intento de dotar de voz a quienes habitan los márgenes de la aceptación, pues de alguna forma articulaba el modo en que veía el lugar que yo mismo ocupaba en la vida. Es triste que lo que pretendía ser un enfoque inclusivo fuera considerado «falso» y «oportunista» más adelante, pero he aprendido que en lo que se refiere a ciertos temas es casi imposible adoptar una postura que posea sutileza alguna.

Puede que el dinero no permita adquirir la felicidad, pero su ausencia puede hacer que la vida sea miserable que te cagas, y Londres puede ser un sitio especialmente brutal si uno es pobre. Le demoledora miseria que suponía vivir del paro y en la línea de la pobreza en la Gran Bretaña de John Major se estaba haciendo insoportable, así que pensé que había llegado el momento de empezar a solicitar algún empleo. Al principio se trataba de solicitudes para puestos elevados de los que no tenía experiencia ni cualificación alguna, hasta que el aluvión de denegaciones altaneras me indujo poco a poco a rebajar mis expectativas, y finalmente acabé buscando trabajo en tiendas. Daba la impresión de que siempre me faltaban o me sobraban cualificaciones, y durante un período de seis meses de incesantes solicitudes, recibí una única invitación para acudir a una entrevista en una papelería de Bond Street. El rechazo subsiguiente me condujo por fin a aceptar mi estado de penuria y dejé de buscar empleo remunerado, pero seguía sintiendo la necesidad de llenar de alguna manera aquellas interminables y vacías tardes a la deriva en las que no estábamos componiendo o ensayando. Había oído en alguna parte que en Highgate había un centro comunitario llamado Lauderdale House, ubicado en la zona limítrofe de Waterlow Park, justo al final de Archway Road. Me presenté allí un día invernal y les insistí e incordié hasta que aceptaron dejarme echar una mano y hacer algo de trabajo voluntario. Empecé a hacer turnos cambiando cosas de sitio, preparando el té, llevando la recepción e indicando a la gente dónde estaban los talleres de escritura, las clases de yoga y los centros de acogida. Me encantaba la cordialidad y la sensación de comunidad, y le cogí mucho cariño a Highgate, un enclave extrañamente separado del resto de Londres y, de manera apropiada, excluido de mi vieja guía *A-Z* de la ciudad. Apartada, un tanto excéntrica y casi anacrónica, era una zona a la que volvería durante algún tiempo en 1994 para escribir mis partes para *Dog Man Star*. Día tras día tenía que lidiar con mamás jóvenes y esposas solitarias cuyos rostros de rímel corrido delataban un trasfondo de adversidad, frustración y noches sin dormir. De alguna manera, sus apuros me tocaron la fibra, y un día, durante el descanso de la comida, cogí mi sándwich de queso y pepinillo y mi cuaderno y me senté en un banco de Waterlow Park, donde escribí lo que acabó convirtiéndose en la letra de «Sleeping Pills». La canción nunca fue el alegato melodramático en contra del suicidio que a menudo se ha considerado que era. Solo era un himno para las amas de casa consumidoras de Valium que mataban el tiempo y se aturdían suavemente a sí mismas para poder llegar al final de un día más. Aquello era algo con lo que me identificaba intensamente: mis propios días se extendían con frecuencia ante mí, vacíos e interminables y abrumadores, mientras miraba las manecillas del reloj y esperaba a que pasara algo. Es más, creo que la única razón por la que escribir desde una perspectiva desplazada me daba resultado era porque sentía que siempre había una intensa sensación de empatía; nunca se trataba de algo tan simple y sofisticado como una caracterización directa, porque las historias contenían fragmentos y emociones extraídos de mi propia vida. «Escribe sobre lo que conoces», se dice, y yo así lo hice siempre. Cuando Bernard me tocó un fragmento de guitarra grácil y menguante que había compuesto, y que luego serpenteaba hasta desembocar en un crescendo tormentoso, supe que mis personajes habían encontrado su hogar, y volví sobre el tema en dos canciones clave del siguiente álbum: «Still Life» y «The 2 of Us».

Una vez concluido nuestro periodo de evolución y exilio, comenzamos a olfatear de nuevo en busca de bolos. Para entonces ya se había dirigido a nosotros John Eydmann, un hombre afectuoso y tierno, ya tristemente fallecido, cuyos ojos de cachorrito de dibujos animados siempre me recordaron a Motita o a un joven Tom Hulce[38]. Había trabajado para Fire Records, se había topado con nosotros en los peldaños inferiores del circuito y se ofreció a ayudarnos. La posición que ocupaba, aunque fuera en los tramos inferiores de la industria, nos proporcionó alguna sensación tangible de tener algún contacto, nos permitió vislumbrar la posibilidad de progresar y nos

38. Actor estadounidense que adquirió gran fama a raíz de su papel como Wolfgang Amadeus Mozart en *Amadeus*, de Milos Forman (1984). [*N. del T.*]

ofreció la vaga promesa de ganar algún terreno, así que aceptamos su oferta para ser nuestro mánager. Estaba destinado a apartarnos de los largos y alcoholizados trayectos traqueteando en la parte trasera de furgonetas Transit oscuras y llenas de humo y conducirnos a reuniones con grandes magnates discográficos en rascacielos de Manhattan y mansiones en Malibu Beach. Pero por el momento seguíamos firmemente sin levantar el vuelo; éramos un grupo con una ambición acerada y un arsenal cada vez mayor de canciones incendiarias y, no obstante, sin nada que se aproximara siquiera al rumor del éxito. Después de un par de bolos que recorrieron la vieja, conocida y deprimente espiral de la mediocridad, John nos consiguió una actuación en The Camden Falcon, en la parte trasera de un pub —oscura y con corrientes de aire— que era uno de los pilares del circuito indie londinense de comienzos de la década de los noventa, un sórdido tugurio para grupos emergentes de bajo nivel y periodistas inescrutables. Habíamos tocado allí algunos meses antes con Justine, ante un reducido público que incluía al cantante Momus, una especie de héroe menor mío por aquel entonces, que me había cautivado con su imaginería sexual fría y distante y sus himnos a la indecencia a lo Jacques Brel. Justine lo había conocido en una fiesta y él debió de quedar embelesado, pues el vídeo que había hecho del bolo y que de algún modo llegó hasta nosotros consistía casi exclusivamente en primeros planos de sus pechos. En cualquier caso, el bolo organizado por John fue promocionado como nuestra «actuación navideña». La amarga ironía de aquella jovialidad forzada y fingida no tardaría en hacerse manifiesta. El público consistía en dos personas en total: John y su novia, Fiona. Hacía una gélida noche de diciembre, y la ausencia de toda multitud y, por consiguiente, de todo calor corporal tuvo como resultado un frío mortal. El recuerdo imperecedero que tengo de ese bolo es ver a cada miembro del grupo turnándose para apretarse contra el radiador montado en la pared del fondo del escenario mientras repasábamos desoladamente y sin objeto nuestro repertorio.

Fue en torno a esa época cuando empezamos a necesitar ayuda para transportar y trasladar nuestro equipo, así que John nos presentó a alguien que podía ayudarnos. Se llamaba Charlie Charlton, y era un tipo afectuoso y entrañable de Teeside[39] que en aquel entonces lucía unas estrambóticas rastas a lo Back to the Planet de comienzos de los noventa que hacían que pareciera una hormiga de dibujos animados. Charlie era de esa clase de personas incansablemente serviciales y capaces que todo el mundo quisiera secretamente que fuera su padre, y, en efecto, acabamos confiando tanto en él y dependiendo hasta tal punto de sus buenos oficios que más adelante lo nombramos nuestro mánager, y sería él quien nos guiaría a través de la primera oleada real del éxito, hacia las cumbres de los dos primeros álbumes y más allá.

Echando la vista atrás, debíamos de estar adquiriendo alguna clase de impulso incipiente y balbuciente, aunque nosotros seguíamos teniendo la firme convicción de que continuábamos fuera de la tienda de caramelos. Entonces, a finales del invierno de 1991, sucedió algo sorprendente: nos invitaron a tocar en el «On for '92» de *NME*, una mues-

39. Conurbación del nordeste de Inglaterra formada por las localidades de Billingham, Middlesbrough, Redcar y otros núcleos urbanos próximos a la ribera del río Tees. [*N. del T.*]

tra de grupos emergentes. Los bolos «On for...» eran una especie de institución en aquel momento en el que la influencia y el peso del *NME* eran fundamentales, y su aprobación era absolutamente esencial para tener prácticamente cualquier éxito en los círculos alternativos. Nos abalanzamos sobre la fantasía de que aquella podía ser la oportunidad que habíamos estado esperando: la legendaria «gran oportunidad», publicidad para las canciones de las que tan orgullosos empezábamos a sentirnos, y puede que una escotilla de emergencia para llegar a algún sitio que no fuera la cola del paro y la miseria deprimente. Una lóbrega tarde de enero encaminamos fatigosamente nuestros pasos hacia The Venue, en New Cross, para que nos asignaran el horario para la prueba de sonido, y luego nos fuimos a una cafetería cercana a tomar té y comer kebabs de ensalada mientras aguardábamos ansiosos la llegada de la noche. Nos embutieron en tercer lugar, entre Adorable, Midway Still y un grupo llamado Fabulous. La actuación no fue nada del otro mundo, salvo por el hecho, inusitado para nosotros, de que entre el público había más gente que sobre el escenario. Tocamos la mayor parte de las nuevas joyas de nuestro creciente repertorio: «Pantomime Horse», «The Drowners», «Metal Mickey», «Moving», y probablemente cerramos con «To the Birds». En aquellos primeros días e incluso mucho tiempo después, cuando la gente llegó a pagar específicamente para venir a vernos a nosotros, solo tocábamos unas seis o siete canciones, ante todo porque sencillamente no teníamos más, pero también como una especie de manifiesto de arrogancia, pues siempre antepusimos el excitante impacto de la brevedad a la simple competencia profesional, el aburrimiento y la diligencia. Tras la última canción, tirábamos al suelo nuestros instrumentos en una especie de gesto de rabia quisquillosa y salíamos en tromba, sin regresar nunca a hacer un bis, pues los considerábamos falsos y muy del «mundo del espectáculo». La mayoría de las columnas del *NME* de la semana siguiente estaban dedicadas a Fabulous, cuyo cantante, que también era periodista, supo sacarles mucho más partido a las cámaras. Nuestra mención era en realidad una nota a pie de página, pero era positiva y contenía una corriente subterránea de intriga. No se produjo ningún aluvión de ofertas de compañías discográficas, pero un hombre que nos había visto aquella noche y que había oído nuestra maqueta se puso un contacto con nosotros. Se llamaba Saul Galpern: un escocés astuto y apasionado que se parecía un poco al futbolista Andy Gray y que estaba comenzando a afianzar un pequeño sello independiente llamado Nude Records. Más tarde se convertiría en mi mentor y amigo, así como en una pieza clave del relato, pero por el momento solo era un tipo más del que recelar. Me llamó a casa y tuvimos una conversación un tanto rara y espinosa, pero, a pesar de lo incómoda que resultó, me di cuenta de que realmente entendía las canciones y que era capaz de ver en ellas lo que el resto de la industria aún era incapaz de ver, y supongo que podríamos decir que empezó a cortejarnos.

Me resulta interesante comprobar cómo el ímpetu de la historia cambia al llegar a este punto. Releyendo, veo cómo mi vida temprana se encontraba en un estado de práctica estasis, así que me vi forzado a enfrentarme a los detalles microscópicos de mi extraño mundillo por la sencilla razón de que no tenía otro. La hermosa curiosidad que uno tenía de niño se disuelve de manera inevitable y triste a medida que los caminos de la vida se van ampliando y sucumbimos al ritmo de la vida adulta. Mientras que mi vida temprana era un amplio entramado de primeros planos detallados, lo único que recuerdo sobre estas etapas intermedias es una serie de primeros hitos profesionales, lo que hace difícil que la historia no se salga por la tangente a medida que esta pasa de ser un fragmento descriptivo a algo con más trama. La vida «real» se había vuelto de algún modo irrelevante: en aquella coyuntura, yo no leía la prensa ni veía la televisión ni hacía nada que no estuviera relacionado con el grupo. Este absorbía total y absolutamente mi atención, y si he de ser sincero, esa es la única manera posible de abordar el asunto; tirarse de cabeza y ahogarse en su salvaje marea. A aquellas alturas, incluso mi vida privada comenzaba a parecer un mero vehículo destinado a generar canciones según me iba exponiendo de manera voluntaria a dramas íntimos cada vez más rocambolescos y llenos de fricción, así como a situaciones extremas, consciente que de algún modo el premio hacía que el sacrificio valiera la pena. Era casi como si mi vida hubiera empezado a pertenecer a otra persona a medida que yo comenzaba a verla como un curioso experimento de composición de canciones. Poco a poco fue apoderándose de mí un personaje, y pasarían muchos años antes de que pudiera iniciar el proceso sosegado y privado de corregir eso. Ahora bien, a los veintitantos años la vida es mágica; esa época acostumbra a definirlo a uno, y son pocas las cosas de las que me arrepiento.

Las discretas semillas del rumor que había sembrado nuestra presencia en el espectáculo de New Cross debieron de producir suaves ondas expansivas entre la gente que marcaba tendencias en el negocio musical londinense, porque las cosas empezaron a cambiar de forma casi imperceptible: los planetas comenzaron a alinearse, la gente empezó a murmurar y las cabezas, por fin, comenzaron a girar. Ahí estaba el cambio de marchas que auguraba el primer emocionante hálito del éxito que hasta entonces se nos había antojado tan inalcanzable. El hecho de no encajar, que siempre había sido tan frustrante y que había hecho que tanta gente no nos tomara en cuenta o hiciera caso omiso de nosotros, por fin se había convertido en una fuerza, y teníamos la impresión real de estar haciendo algo que era completamente nuestro, algo especial y único: fresco, desconocido e impregnado del shock de lo nuevo. La «anglicidad» abierta, el realismo extravagante y la sexualidad torpe y zarrapastrosa, que hasta entonces habían provocado rechazo, ahora las transmitíamos con brío y confianza, maravillosamente a contracorriente y de una forma excitante y emocionante. Siempre he querido que el grupo habitara su propio universo, un «mundo Suede», y según nuestra destreza como intérpretes y compositores fue evolucionando, ese mundo comenzó a tener eco, a decirle algo a la gente y a revelarse a ellos. Y a medida que nuestras composiciones empezaron a adquirir un tono lujurioso y tambaleante, nosotros, paralelamente, comenzamos a desprendernos de nuestras inhibiciones como grupo y nos volvimos libidinosos, agresivos y primarios, haciendo ostentación de nosotros mismos y de la inmensa pasión que sentíamos por la música que hacíamos. La percusión potente y airada de Simon, así como la forma de tocar de Bernard y Mat, cada vez más desinhibida, se convirtieron en una especie de motor palpitante que desbloqueaba el oscuro corazón de las canciones. Y de repente apareció entre el púbico gente a la que no conocíamos: gente que había empezado a venir a buscarnos y que, escandalosamente, incluso había pagado por ese privilegio. El temido espacio en forma de D que había delante de mí empezó a llenarse de formas humanas y sudorosas, mágicamente desconocidas, y a estar preñado de pasión y de curiosidad. Poco a poco todo se fue volviendo más febril, y aunque a esas alturas desde luego no habíamos llegado aún a la «Suedemanía» a gran escala, seguíamos teniendo la sensación de que, por tomar prestada una de las excelentes frases de Lydon, cabía la posibilidad —solo la posibilidad— de que me «despedazaran cariñosamente». Hicimos otra actuación en el Underworld, en Camden, y el martes siguiente, cuando hice mi trayecto habitual a la estación de metro de Tottenham Court Road para comprar la prensa, destacaba en el *Melody Maker* una reseña muy elogiosa describiéndonos como «una bestia roquera rugiente y al acecho». Parecía que habíamos alcanzado un maravilloso punto de inflexión. Nuestra siguiente actuación, en el Falcon, fue otro, y estuvo a años luz de la cruel pantomima que habíamos tenido que soportar allí en diciembre. Esta vez, el palpable hormigueo y el murmullo de emoción de la multitud no se debieron solo a que habían venido a vernos Morrissey, Suggs y Kirsty MacColl, sino a que por fin teníamos algo que la gente parecía desear. La crítica eléctrica y emocionante de John Mulvey, publicada en el *NME* de la semana siguiente, fue la primera vez que saboreamos de verdad la aprobación de la prensa, y tras años haciendo frente a la indiferencia y a la falta de interés, fue muy muy dulce. Y aquello que la gente empezaba a desear, cuando de repente comenzó a congregarse y a arremolinarse a nuestro alrededor como hormigas voladoras —si se me permite un breve momento de florida autocomplacencia—, parecía algo especial. Era nuestro y solo nuestro —nuestro andrajoso himno, nuestro aullido de frustración—, un poema al fracaso y la pérdida, y también un panegírico a la Gran Bretaña envilecida e indiferente que veíamos ante nosotros. Y mientras asestábamos estocadas y pateábamos contra la sombría mediocridad de los tiempos, lo hicimos con un estilo, un espíritu y una energía que acabaron echando las puertas abajo y poniendo los cimientos de la música que definió una década.

Saul continuó cortejándonos y halagándonos, y creo que a todos nos encantaba secretamente su alborotada pasión, así que un día de febrero por fin acabamos subiendo a sus oficinas en Langham Street y estampando nuestra firma. No recuerdo gran cosa acerca de la firma en sí —yo seguramente llegué tarde y todos los demás seguramente estaban ansiosos—, pero finalmente lo hicimos, y cuando finalmente volvimos a bajar las escaleras y salimos a las aceras de Fitzrovia, nuestro futuro estaba fijado, y Londres se extendía ante nosotros, hermoso y simple bajo el débil sol invernal.